LIDERAZGO DEFINITIVO

[Cómo los mejores líderes aumentan su
éxito en la vida y los negocios.]

ANA MARÍA GODÍNEZ Y GUSTAVO HERNÁNDEZ

Autores de BestSellers como "El Prodigio", "Abundancia
Ilimitada" y "Planeación Estratégica TOTAL"

LIDERAZGO DEFINITIVO

OTROS LIBROS DE LOS AUTORES

Estos libros pueden ser adquiridos mediante la página www.amazon.com, www.lulu.com o bien mediante Ignius Media directamente llamando a +52 (477) 773-0005 o escribiendo a info@ignius.com.mx.

El Prodigio

- Integra la Competitividad como herramienta clave en todas las áreas de tu vida.
- www.elprodigio.com.mx
- Ignius Media Innovation, 2008

Despertar

- Libera el potencial infinito que hay dentro de ti.
- www.despertemos.net
- Ignius Media Innovation, 2009

Vitaminas para el Éxito

- ¡Consigue lo que deseas!
- www.igniusmedia.com
- Ignius Media Innovation, 2010

Despertares en Armonía

- Relatos que enriquecen e inspiran el corazón, realizados por Mujeres que comparten su Despertar a la Armonía.
- www.despertemos.net
- Ignius Media Innovation, 2010

Despertares en Armonía II

- Nuevos relatos que enriquecen e inspiran el corazón.
- www.despertemos.net
- Ignius Media Innovation, 2013

El Gran Libro de los Procesos Eficientes

- Los principios actuales de LEAN MANUFACTURING en industrias, negocios y Oficinas, ¡Aplicados sin Igual!
- www.igniusmedia.com
- Ignius Media Innovation, 2014

El Gran Libro de las Mejores Preguntas para Vender

- Los secretos de la herramienta más poderosa que puede DUPLICAR TUS VENTAS: Vende Preguntando®
- www.igniusmedia.com
- Ignius Media Innovation, 2014

Lo que la Gente Lista sabe del Aprendizaje

- El aprendizaje es la llave que te permitirá abrir cualquier puerta en tu vida
- www.igniusmedia.com
- Ignius Media Innovation, 2014

Planeación Estratégica TOTAL

- Descubre lo que tienes que saber para ser EXITOSO EN LOS NEGOCIOS.
- www.igniusmedia.com
- Ignius Media Innovation, 2014

Empoderamiento Emprendedor

- SNAP: La Metodología que ha Formado EMPRENDEDORES IMPRABLES
- www.igniusmedia.com
- Ignius Media Innovation, 2015

El Emprendedor SIN LÍMITES

- SNAP: ;A Metodología que ha formado EMPRENDEDORES INNOVADORES
- www.igniusmedia.com
- Ignius Media Innovation, 2015

Sé tu Jefe en 6 MESES

- SNAP: La Metodología que ha guiado a los EMPRENDEDORES TRIUNFADORES.
- www.igniusmedia.com
- Ignius Media Innovation, 2015

Las Mejores Preguntas para Vender (Colección Oro)

- Cómo Aumentar las VENTAS de forma DIFERENTE.: La fórmula más rápida, rentable e INFALIBLE para VENDER MÁS y MEJOR
- www.igniusmedia.com
- Ignius Media Innovation, 2015

Las Mejores Preguntas para Vender (Colección Platino)

- MÁS DE Cómo Aumentar las VENTAS de forma DIFERENTE.: La Fórmula más Rápida, Rentable e INFALIBLE para VENDER MÁS y MEJOR.

- www.igniusmedia.com
- Ignius Media Innovation, 2015

Recursos Humanos HUMANOS

- El Libro DEFINITIVO para aquellos que desean lograr Procesos y Relaciones Laborales ESTABLES y POSITIVAS,: El Libro ESENCIAL para tener PERSONAL FELIZ y PRODUCTIVO SIEMPRE!
- www.igniusmedia.com
- Ignius Media Innovation, 2015

Abundancia Ilimitada

- Los Hábitos Clave para SER FELIZ, SALUDABLE y SIEMPRE lejos de los Problemas Económicos.: La Fórmula para tomar CONTROL INMEDIATO de tu Presente y Futuro ¡y Ser FELIZ!
- www.igniusmedia.com
- Ignius Media Innovation, 2015

Innovación SNAP

- Descubre cómo, desde emprendedores hasta trasnacionales han obtenido resultados sin igual ¡Sin complicaciones!.
- www.igniusmedia.com
- Ignius Media Innovation, 2016

Productividad Millonaria

- El camino único que garantiza que logres mucho más en menos tiempo.
- www.igniusmedia.com
- Ignius Media Innovation, 2016

Se Feliz ¡Siempre!

- ¡Crea el futuro que tu deseas!, aún cuando pienses que no puedes

- www.igniusmedia.com

- Ignius Media Innovation, 2016

LIDERAZGO DEFINITIVO

D.R. © 2016, Ana María Godínez González y Gustavo Hernández Moreno www.ignius.com.mx

Publicado por: © 2016, Ignius Media Innovation, León, Guanajuato, México
+52 (477) 773—0005
www.igniusmedia.com

Diseño de Cubierta: Pablo Vázquez
Diseño de Interiores: Gustavo Hernández Moreno
Corrección de Estilo: Magdalena Méndez
                           Martín Méndez Vázquez
Fotografía de Portada: Gustavo Hernández Moreno
Primera Edición: Agosto, 2016
ISBN: ISBN: 978-607-00-7782-1
Registro de Autor: 03-2014-022410024700-01

mecánico, fotoquímico, electrónico, magnético, electroóptico, por fotocopia o cualquier otro, sin el permiso previo, por escrito de los autores.

Límite de Responsabilidad / Descargo de Responsabilidad: Tanto el editor como el autor han puesto sus mejores esfuerzos en preparar este libro, no obstante, ellos no hacen o se comprometen a algún tipo de responsabilidad o garantía. Ningún tipo de garantía puede ser extendida por ningún tipo de representante de ventas o distribución. Las recomendaciones y estrategias contenidas en el presente, pueden no ser ajustadas a tu situación en particular.

ANA MARIA GODÍNEZ

Psicóloga, Empresaria, Escritora, Conferencista, Máster en Dirección Estratégica y Gestión de la Innovación; Experta en Grupos Operativos, Herramientas Avanzadas de Educación y Entrenamiento Dinámico, Liderazgo Transformacional y Ventas; especializada en procesos Industriales y Métodos de Negociación y Solución de Conflictos, cuenta con más de 16 años de experiencia práctica profesional.

Su formación y crecimiento interpersonal la han llevado a desarrollar innovadoras perspectivas en soluciones únicas de Productividad, Liderazgo, Ventas, Estrategia, Marketing, Éxito y Desarrollo Personal, creando un gran poder de transformación y acción, generando enormes beneficios, ventas y utilidades en las empresas y organizaciones asesoradas.

Desde muy temprana edad demostró sus habilidades en los negocios y relaciones humanas, creando emprendimientos de alta calidad, pero sobre todo, siempre orientados a resultados con una amplia perspectiva de futuro. En lo académico se destacó por ser invitada por profesores a compartir sus habilidades en Aprendizaje Acelerado.

Sus habilidades de Comunicación la han llevado a ser ampliamente reconocida por sus "video—entrenamientos" que, mes a mes, llegan a miles de personas en toda América.

GUSTAVO HERNÁNDEZ

Empresario, consultor y constante conferencista internacional, Ingeniero Industrial, Máster en Dirección Estratégica y Gestión de la Innovación es, también, Experto en Desarrollo Tecnológico, Diseño de Software, Métodos de Solución de Problemas y Creador de Trabajo Eficiente; así mismo Inventor, Fotógrafo, Productor, Editor y Escritor.

Se desempeñó exitosamente como Director General de una reconocida compañía proveedora internacional de la Industria Automotriz, cuyas ventas anuales superaron los $100 millones de dólares entregando sus productos a diferentes y más destacadas marcas continentales como BMW, Toyota y GM entre muchas otras.

A sus logros se suman la creación de diversas empresas de Innovación y Desarrollo de Tecnología aplicada a productos, procesos y servicios, cuyas patentes llegaron a protegerse y comercializarse internacionalmente por sumas mayores a los $20 millones de dólares.

Es un individuo ejemplar, creativo e incansable que está en una continua búsqueda y desarrollo de soluciones que ayuden a cientos de miles de personas y organizaciones a tener mejores resultados y aumentar su nivel de prosperidad, eficiencia y felicidad.

AGRADECIMIENTO

Agradecemos a las personas de todos los niveles organizacionales que nos han permitido aprender de ellos, probar nuestras herramientas y sumar en cada una de nuestras interracciones para ayudarles a que hoy sean mejores personas y líderes.

En especial queremos agradedccer a Ken Blanchard toda la aportación e influencia positiva que ha tenido en nuestras vidas a través de su metodología de Liderazgo Situacional, gracias a este exitoso autor por habernos hecho entender hace más de 25 años que el liderazgo no es algo que imponga sino algo que se hace junto con la gente.

Gracias a todos los dueños, directivos de empresas y líderes organizacionales que a través de los años nos han permido aprender y emular las caracteristicas más positivas de ustedes.

DEDICATORIA

Este libro esta dedicado a todas las personas que quieren mejorar su Liderazgo de manera proactiva, determinada y consciente.

Los grandes cambios y resultados dentro de una empresa, organización o instutución son probocados por los Líderes que actúan y toman la iniciativa para hacer que las cosas sucedan.

Deseamos que este libro estimado lector sea trascendente en tu vida y en las de tus colaboradores, ya que si tu eres un excelente Líder tus colaboradores serán el reflejo de todos los cambios positivos que implementes en tu vida.

> *"Para ser un Líder que haga que las cosas sucedan, debes dejar de hacer lo cotidiano y prepararte cada día de tu vida para asegurar que las cosas sucedan."*
>
> *- Ana María Godínez*

INTRODUCCIÓN

¡HOLA!

¡Me da mucho gusto saludarte!

En este nuevo libro quiero darte una serie de "tips" muy padres y muy recomendables que te ayudarán a mejorar Tú Liderazgo. Con este libro, quiero compartir contigo una Visión que tengo de lo que es Liderazgo.

El Liderazgo es la "chispa" inicial que hace que las cosas "sucedan". A lo largo de estas páginas te iré compartiendo diversas herramientas y recomendaciones que si las pones en práctica, sin duda te convertirán en un mejor y muy exitoso Líder.

Siempre he creído que el Líder es alguien que no hace las cosas sólo por él mismo, sino que es alguien que debe trabajar duro junto con sus colaboradores y subordinados para *lograr que las cosas sucedan*.

El Liderazgo no es algo que se le hace a la gente, sino que es algo se se hace junto con la gente, no hay una sola empresa que sea ampliamente famosa sin la ayuda de una buena dosis de un liderazgo efectivo, de líderes que se han preparado, de personas comunes que han pasado a ser personas extraordinarias gracias a su dedicación, su persistencia, su determinación, su preparación y su excelente ejecución de las mejoras prácticas –puestas en práctica.

Este libro tiene miles de horas experiencia puestas en tus manos a tu servicio, contiene las ideas estratégicas más finas al respecto de lo que una persona debe hacer para lograr convertirse en un LIDER DEFINITIVO.

Así que, de la mano del libro que tienes frente a tus ojos, comencemos el recorrido por este fascinante mundo del Liderazgo.

¡Mucho éxito en tu lectura!

Ana María Godínez

Empresaria, escritoria y conferencista internacional.

CONTENIDOS

CAPÍTULO I

EL TRABAJO DEL LÍDER

> *"Hoy en día, la clave para un liderazgo exitoso es la influencia, no la autoridad".*
>
> *Ken Blanchard .*

1.1. ¡Asóciate con el Éxito!

El Líder tiene que asegurarse de ser un Socio del Éxito; del Éxito de la Organización y de los Colaboradores para que el resultado final sea el que se espera de él y su Responsabilidad.

Algo muy importante para que seas Socio del éxito de la Organización y de tus colaboradores es *asumir Total responsabilidad* sobre tus actos y tus resultados.

"Un buen líder siempre asume sus responsabilidades y acepta sus "meteduras de pata". "Aunque a nadie le gusta sentir culpa, un gran líder absorbe el golpe, demuestra responsabilidad y lleva al equipo hacia una

> solución"... "En lugar de culpar a la administración previa, la antigua administración, otros departamentos o a la economía, dice 'hablemos sobre lo que vamos a hacer para asegurar el éxito'". [1]

Como líder, tienes que tener absolutamente claro para qué estás en la Nómina y cuáles son las Obligaciones y Responsabilidades de tu puesto, y si al día de hoy estos elementos no los tienes claros, te invito a que de inmediato te pongas en acción, porque cuando un Líder sabe con certeza qué es lo que se espera de él, no te quepa duda de que los Resultados SE VAN A DAR.

Otro punto también muy importante es que te anticipes con soluciones para evitar problemas. Un Líder no es aquél que se mantiene a la espera y actúa sólo hasta que "estalla la bronca" o se manifiestan las dificultades. Lo que un buen líder hace es estar siempre observando qué pasa en su Equipo de trabajo, en su Departamento, con su Proceso, con los clientes internos, etc.

Cuando el buen Líder observa que alguna situación problemática, por mínima que sea, se está haciendo muy recurrente o se está haciendo grande, NO ESPERA a que la situación "truene", sino que se va anticipando con

---

[1] **PRICE** Darlene, citada por Vanesa Matesanz en "Las diez frases que un buen Líder jamás debe decir". *forbes.es* 17 de Octubre 2014

soluciones para contener el problema y atinadamente eliminarlo de raíz.

Otro punto también fundamental para ser un Socio del éxito de tu Organización es aceptar que, como Líder, en ocasiones tienes que tomar decisiones difíciles que probablemente no te gusten: posiblemente tengas que despedir a alguien que no está dando resultados, o tal vez tengas que exigir o retroalimentar a algún subordinado que no está haciendo las cosas que se esperan de él...

"El buen liderazgo implica responsabilidad para el bienestar del grupo, lo que quiere decir que alguna gente se enojará por sus acciones y decisiones...Es inevitable" [2]

Sin embargo, un verdadero Líder tiene que enfrentar este tipo de decisiones en el día a día si quiere obtener los resultados que se esperan.

Otro punto que a mí me gusta mucho compartir en este tema de Liderazgo es que como Líder, y frente a los problemas, Tú siempre debes tener la percepción de que SIEMPRE SE TIENEN QUE RESOLVER.

---

[2] **POWELL**, Colin **General (USA-Ret.).** "18 Lecciones en Liderazgo" Presentación del General Powell al Outreach To America Program, SEARS Corporate Headquarters, Chicago, Illinois

Una Organización está llena de problemas. Como Líder, tú tienes que enfocarte a buscar con los involucrados las soluciones de cualquier problema que surja; a eliminarlas de raíz, para que el proceso o el departamento que se está viendo obstaculizado pueda avanzar.

Algo bien importante que te recomiendo es que siempre conserves una ACTITUD por encima del problema; no te metas en el problema. Lo que un buen Líder hace SIEMPRE es observar el problema desde arriba, no involucrarse, y una vez que ya lo observó, ya pensó, ya reflexionó qué se tiene que hacer, es cuando actúa.

TÚ eres más grande que cualquier problema: si hoy tienes entre tus manos un problema muy grande, tu actitud debe ser muy positiva y debes ser más grande que el problema para que le pongas el Enfoque adecuado, lo soluciones y lo puedas eliminar de inmediato.

Otro punto importante es que un Socio de éxito, como es un buen líder, NUNCA GENERA CHISMES.

El Líder siempre debe de hablar con la Verdad, sustentada en datos estables. No seas el tipo de líder que se anda involucrando en "chismes de pasillo" con los colaboradores, y enredado en "dimes y diretes". Tú tienes que mantenerte en los datos, y si en algún momento alguien llega contigo a comentarte algún chisme, que no te está hablando con la verdad o compartiéndote datos, simplemente dile: *"¿sabes qué?... no hables **DE** él, habla **CON** él"*, y con esta sencilla fórmula, tú ya no te involucras.

Otro punto fundamental de la asociación con el éxito es que seas siempre un Líder que soporta y apoya las decisiones corporativas. A lo largo de muchos años, yo he podido asesorar a muchas Organizaciones, y te puedo decir que realmente se nota cuando un líder está "soportando" (de soporte y apoyo, no de aguante) con toda sinceridad la iniciativa, estrategia o solución que la Organización haya decidido implementar frente a cualquier dificultad.

Porque también hay otro tipo de "líderes" que muchas veces, frente al Equipo dicen "¡SÍ, sí, sí!", pero luego en los pasillos, con algunos compañeros se ponen a decir *"Nooo... yo no sé para qué van a hacer eso... ¡eso no va a funcionar...!"* ¡Y probablemente tengan bien sustentadas sus declaraciones, pero no tuvieron el valor de decirlas al momento que se tomó la decisión!

UN BUEN LÍDER SIEMPRE ES HONESTO, y cuando se le pide que apoye en alguna decisión corporativa que sea difícil, si hay algo en su mente que le dice que aquella no es una buena solución, en ese momento se manifiesta y expresa lo que piensa y opina. No se vale que después de que se tomó la decisión tú andes por fuera diciendo que eso no va a funcionar. Esto es una TRAICIÓN, y es un sabotaje a tu Organización.

Por último, es bien importante siempre mantenerte positivo, y evitar a las personas negativas. La parte positiva de tu actitud es fundamental para inspirar a tu Equipo de trabajo y para relacionarte muy bien con el resto de tus compañeros. A nadie le gusta relacionarse con personas negativas, que siempre se están quejando, que siempre le ven el lado problemático a las cosas.

Si tú eres un Líder que siempre se mantiene positivo, y eso hace que tengas una personalidad agradable, sin duda vas a tener mucha gente detrás de ti que te va a ayudar a lograr que las cosas sucedan.

1.2. Lo que tus subordinados odian ¡de ti..!

Voy a responder una pregunta que mucha gente nos hace frecuentemente y que tiene que ver con el Liderazgo.

La pregunta es "Oye, Ana:

¿POR QUÉ LOS BUENOS COLABORADORES DEJAN EL EMPLEO...?"

"¿POR QUÉ SE VAN Y BUSCAN OTRAS OPORTUNIDADES...?"

Primero que nada, esto tiene que ver contigo, LÍDER, y con ellos, SUBORDINADOS. Aquí es muy importante que seamos muy honestos y si tienes gente a tu cargo realmente

evalúes qué actividades estás haciendo con tu gente y qué actitudes tomas en el día a día.

Esto es muy importante, porque mucha gente deja sus puestos de trabajo (¡y es algo que odian de cualquier jefe!) CUANDO LOS SOBRECARGAMOS de labor: tú puedes tener gente que es súper capaz, muy talentosa, y conforme va teniendo ya tiempo contigo y vas detectando que realmente es muy bueno o muy buena, empiezas a SOBRECARGARLA de trabajo.

Y le empiezas a dar cada vez más tareas, más actividades... y la persona, como Tú eres el Líder, pues no te va a decir que no; simplemente dice que "sí" aunque en el fondo se siente incómoda, enojada, frustrada, viendo que otros no hacen tanto como ella y ahí es donde empiezan los problemas y se mete en la cabeza de nuestros colaboradores la idea de salirse y de buscar nuevas oportunidades.

"Meyer y Allen (1991) definen el compromiso organizacional como un estado psicológico que caracteriza la relación entre una persona y una organización, que influyen en la decisión de continuar o dejar la organización. Asimismo, estos autores señalan que el compromiso organizacional es un constructo de concepto multidimensional que comprende tres tipos de compromiso

organizacional: el afectivo, el de continuidad y el normativo." [3]

Es muy importante que seas muy cuidadoso en no sobrecargar a tu gente con actividades, porque esto los desgasta mucho. Evita esa tentación, porque muchas veces tienes un Presupuesto asignado para ciertas personas en tu área y pues, como no lo puedes sobrepasar, empiezas a asignarle más tareas a la gente para sacar el máximo provecho PERO recuerda que estás trabajando con Seres humanos, y ellos también se cansan, y culturalmente, en México y toda Latinoamérica, la gente no dice que NO: a todo dicen que SÍ... aunque se vayan súper tarde, o te entreguen las cosas a medias.

Si tú caes en este círculo negativo, realmente no vas a tener colaboradores capaces y talentosos. Los vas a ir cansando, hasta que se salgan y abandonen ese puesto que están hoy ocupando contigo.

También, algo que debemos de hacer es Reconocer el trabajo y la Contribución de nuestra gente. Algo que las personas odian de los jefes es cuando no reconocen realmente las contribuciones y los buenos resultados que están logrando; ¡no tienes que hacer una Fiesta, o un gran

---

[3] **MONTOYA SANTOS**, Elizabeth M. "Validación de la escala de compromiso organizacional de Meyer y Allen en trabajadores de un contact center". Universidad Peruana de Ciencias aplicadas. República del Perú, 2014

alboroto! Pero sí tienes que hacérselo saber con un "gracias", un e-Mail, una llamada, un apretón de manos, un "apapacho", un abrazo... ¡algo!

Porque me ha tocado ver muchos colaboradores frustrados porque son muy capaces, son muy buenos PERO nadie reconoce lo que están haciendo. Y llega un momento en el que se cansan, y dejan de hacer bien su trabajo, y es ahí donde viene el *"liderazgo gaviota"* (cuando te apareces solo para regañarlos), y todo esto es algo muy negativo dentro de un Equipo de trabajo.

Te pido de favor que analices este tipo de actitudes, y si hoy las estás llevando a cabo, piensa que el problema es realmente muy sencillo de erradicar y cambiar.

Revisa qué está haciendo tu gente: si tienes gente que está sobrecargada porque es muy capaz o muy inteligente, retírales ciertas actividades y encárgaselas a otras personas para que también se desarrollen.

Y recuerda siempre felicitar las buenas Contribuciones y Resultados de tu Equipo de trabajo.

A ti te gusta que te feliciten, y si a ti te gusta pues es lógico que a tu gente TAMBIÉN LE GUSTA ese reconocimiento.

1.3. Lo que tus subordinados odian ¡de ti como Jefe!

Sí: cosas que tus subordinados odian ¡DE TI, JEFE!

Es muy importante que no te vayas a sentir agredido u ofendido de lo que te voy a decir. Mi intención es compartir contigo, desde la voz de un subordinado, qué es lo que está mal en cuanto a actitudes y comportamiento de los líderes para que lo puedas identificar y rápidamente puedas cambiar, adoptar actitudes diferentes para que mantengas un conjunto de trabajo contento, feliz y se produzca un Trabajo en Equipo fenomenal.

El primer punto que debes de cuidar es cuando NO te importan tus empleados.

Esto es natural: de repente tienes muchas actividades y no te puedes involucrar en saber cómo está cada uno de ellos; aun así, NUNCA debemos olvidar que estamos trabajando con Seres Humanos, y te debe de importar Tu gente.

Porque eres un Líder, y al final de cuentas el liderazgo tiene que ver con cómo sacamos lo mejor de la gente. Y si a ti no te importan tus empleados, pues no vas a conseguir una confianza y una conexión para que ellos "saquen" lo mejor de ellos y la relación entre subordinado y jefe sea la mejor.

> *"Todo individuo que desarrolla una actividad siente la necesidad de que se valore lo que hace, tanto si es negativo como positivo, para que le permita corregirse o sentir que el trabajo que realiza es útil, y que es reconocido, observado y apreciado. En una sociedad organizacional valorar a una persona es reconocer su existencia y no valorarla es ignorarla, esto último puede anular la individualidad humana."* [4]

Algo que también es muy dañino (y que yo lo he visto muchas veces) es cuando los jefes NO HONRAN SU PALABRA. Es decir, no cumplen lo que prometen. Muchas veces dicen que van a hacer algo, pasan las semanas... ¡y no pasó nada! Y esto no solo provoca el disgusto de tu colaborador o que le "caiga gordo" este rasgo tuyo.

¡Esto es algo muy peligroso!

Porque si tú no honras tu palabra y no cumples lo que prometes, les estás enseñando una manera de Ser, y así ellos van a aprender que también pueden decir que "pueden", pero al final... no pasa nada si no cumplen. Cuida mucho este detalle, porque las Organizaciones necesitamos personas que cumplan lo que prometen en cualquier nivel dentro de la Organización.

---

[4] *http://www.elergonomista.com/relacioneslaborales/rl94.html*

Otro rasgo de algunos líderes (que también odia mucho la gente) es que promueven a las personas INCORRECTAS; y las promueven porque hay con ellos una afinidad o confianza, y a las personas que realmente se merecen esa promoción, ese ascenso, ni siquiera las volteaste a ver porque nunca te interesaste en ellos.

Aquí el punto es que no otorgues privilegios entre tu personal. Conócelos, *saca lo mejor de ellos* para que, ante cualquier oportunidad vayas dando de manera equitativa, justa y honesta estas promociones a tu gente.

Por otro lado, también hay líderes "como *muy envidiosos... recelosos* de su gente...", que no le dan oportunidad a sus colaboradores o subordinados de que sigan sus sueños.

Si tú quieres tener gente GRANDE a tu lado, tienes que tener gente MOTIVADA, gente que no se conforma nada más con lo que hace en el día a día de su trabajo. Algo que ayuda mucho es cuando impulsamos a que nuestra gente logre sus sueños.

Como Líder, debes de saber que la gente no es eterna en un puesto de trabajo: pueden cambiar de empleo o de área, pueden poner su propio negocio... tú no tienes que ponerte celoso si alguien tiene como sueño propio el perseguir este tipo de objetivos. ¡Ayúdales a que saquen lo mejor de ellos! Obvio, siempre y cuando no destruyan o se desenfoquen de lo que tienen que hacer en su día a día contigo.

Otro punto de los líderes que tampoco le gusta mucho a la gente es cuando no sabes desarrollar las habilidades de las personas. Es decir: eres un Líder "que lo sabe todo" y ELLOS NO SABEN NADA. Esto es muy triste, porque lo que tienes a tu lado son puros "enanos", y cuando tienes gente "chiquita" a tu lado, realmente TÚ nunca vas a tener la oportunidad de crecer y ser más profesional.

Aquí el punto es que si tú identificas que tienes esta área de oportunidad, y no sabes cómo desarrollar a tu gente, pues hagas equipo con otras personas de la Empresa que te ayuden, o con el área de Recursos Humanos, para que realmente te interese y logres tener gente cada vez más grande a tu lado.

Algo que ayuda mucho para que tu gente vaya creciendo es ir poco a poco dándoles responsabilidades diferentes SIN SATURARLOS (¡acuérdate!)... pero sí ayudándoles a que saquen lo mejor de ellos: escúchalos. Retroaliméntalos. A veces hay cosas que tal vez no puedan cambiar, pero hay ciertas cosas que SÍ se pueden cambiar dentro del trabajo. Ellos van a sentirse escuchados, y van a generar un comportamiento positivo y compartirán contigo cada vez más y nuevas cosas.

Dos últimos puntos que la gente odia de los jefes:

- **Cuando los truncas, o no les permites que expongan su creatividad.**

Aquí, si estás trabajando con gente joven, esta es una constante: la gente joven es muy proactiva, trae actividades, sabe mucho... por lo que el punto es, que los dejes SER.

Como digo, hay ciertos lineamientos, ciertos estándares en tu Sector, en tu Empresa que se deben cuidar, pero si esas cosas que está proponiendo tu gente, de manera creativa, no le perjudican a los procedimientos o a la empresa, idéjalos que prueben! Igual y vas a tener mejores resultados.

Lo último:

- **Cuando tienes a la gente estancada en sus puestos de trabajo**.

Es decir, que no los desafías. Que no les pones retos nuevos.

A la gente le encanta demostrar que sabe, que es capaz, Y QUE PUEDE. Si tú como líder no los impulsas ni les pones retos, pues realmente vas a tener pura gente "estancada" que va a estar inconforme, y a la primera oportunidad te va a decir ADIÓS y se va a ir.

"Es en este escenario donde los (Líderes)... juegan un papel preponderante, pues son quienes, de manera más directa, influyen en el personal para que trabaje con entusiasmo y en equipos, al tiempo que les ayudan a satisfacer sus necesidades escuchando y valorando sus opiniones, modelando la sensibilidad necesaria

para poder identificar los valores de las personas a su cargo y hacerles desarrollar como profesionales, deviniendo en talentos."[5]

Al mencionar estas actitudes o comportamientos no quiero que te me asustes: si las tienes todas, ¡aguas! Tienes que empezar a cambiar y a hacer cosas diferentes. Si tienes alguna de estas, es bueno que les pongas atención, que no te confíes, y que realmente hagas un análisis de Tu Liderazgo con Tu gente para que positivamente sigas creciendo y desarrollando a TODO tu personal, y que los Resultados que tu empresa espera de tu equipo, SE DEN.

¡Te deseo mucho Éxito!

1.4. Tablero de Indicadores a la vista

Porque "de la vista nace el amor", hablemos de una herramienta fundamental. Algo así como "la brújula" que todo líder DEBE tener. Se llama Tablero de Indicadores.

---

[5] **ManpowerGroup MeCA.** "Talento y Liderazgo" *www.manpowergroup.com.mx* Noviembre de 2012.

Si tú, actualmente, no cuentas con Metas, pues es obvio que no vas a tener un Tablero de Indicadores; pero si tienes Metas, y NO tienes un Tablero de Indicadores, ¡aguas! **Tienes que tener uno.**

Porque si la Meta no la tienes presente, visible en un espacio físico, muchas veces se olvida y se dejan de hacer cosas para lograr el Objetivo.

Una recomendación: conozco a muchas Organizaciones **y sé que muchos de sus líderes no tienen idea de qué metas persiguen o qué resultados se esperan de ellos**. Si es tu caso, te invito a que acudas con tu jefe inmediato o con el departamento de Recursos Humanos y les preguntes esto, porque en la medida que cada vez más líderes tienen claro cuáles son la Metas que se espera que logren, en esa medida se va a acelerar el logro de los Resultados de la Organización y del Equipo de trabajo.

Cuando ya tenemos una Meta, es imperdonable que no tengas un Tablero de Indicadores **a la vista**. Las decisiones que todo Líder Exitoso debemos de tomar SIEMPRE deben estar basadas en datos. No podemos tomar decisiones a la ligera o "a lo tonto". Un buen Líder siempre tiene un Tablero de Indicadores que le va a señalar claramente cuáles son sus Metas de manera comprensible no nada más para él, sino para el resto del equipo.

Tú puedes hacer el tablero creativamente, como tú quieras, pero una Meta siempre va ligada a muchas acciones o proyectos que tendrán una "Fecha compromiso" y un Responsable de lograrla. Eso debe contener el tablero, para que Todos lo vean y todos se enteren del estatus, el avance o el retraso que hay en relación a las "fechas compromiso".

También es muy importante que tengamos los Indicadores PRIORIZADOS POR IMPORTANCIA.

Hay empresas que les encantan los indicadores; no lo recomiendo; lo máximo que puede tener un Departamento es de tres a cinco indicadores. Pero también te sugiero que esos indicadores vengan priorizados, para que enfoquemos muy bien a la gente de tu Departamento y que sepan dónde están en mayor riesgo y qué es lo más importante para la organización.

Recuerda que todo lo que pongamos en un Tablero de Indicadores (tanto las Metas como las acciones y los Resultados que se vayan teniendo) tiene que estar basado al 100% en datos verídicos, actualizados al día.

Algo que a mí como líder me gusta mucho es que el Tablero te permite saber en qué anda tu gente. Te permite generar estrategias para dar un seguimiento más cercano y que luego no se te olvide en qué está cada persona, y algo bien importante es que los tableros de indicadores también les muestran a los grupos de trabajo y sus líderes el desempeño y el progreso que están teniendo como equipo.

Recuerda que los tableros de indicadores y acciones NO son el enemigo: son algo muy visible que nos puede ayudar a mejorar los resultados. Por favor, EVITA que todo lo que tenga que ver con Indicadores, con Proyectos, con Acciones de tu gente y de ti mismo esté en computadoras o en carpetas electrónicas, muy bonitas... ¡pero escondidas donde nadie las puede ver!

Esta técnica se llama "de Espacio Abierto": cuando la gente tiene las cosas presentes, el subconsciente conecta con ellas, nos impulsa a movernos y nos recuerda que AHÍ TENEMOS ESOS PENDIENTES.

1.5. Palomear casillas.

Voy a compartirte una Técnica que a mí me fascina y que llevo más de quince años utilizándola. Es la Técnica de Palomear casillas.

Algo que me ha quedado muy claro a lo largo de los estos años es que gente que coordina a subordinados, o tiene una responsabilidad frente a un equipo de personas es que siempre debe tener una MENTE ORGANIZADA.

Lo que te quiero decir con esto es que todo líder tiene que mantener una Disciplina y un Orden, y esto de las casillas, a través de manejar alguna Agenda, se debe convertir en un Hábito, porque muchas veces los líderes comienzan su día sin una Planeación, sin tener una estructura lógica de a dónde van a enfocar su principal recurso, el Tiempo, y de ahí que se desperdicie mucho ese tiempo.

Te comparto que esta técnica de casillas, yo la utilizo a través de una Agenda porque te permite *palomear* las cosas que sí sucedieron y que era importante que se hicieran ese día. Si tú no tienes una agenda, o viene el pretexto de que *"¡aay... es que yo no tengo dinero para comprar una!"*, utiliza una libreta u hojas reciclables, pero el punto es que puedas dibujar una columna de actividades donde puedas palomear o tachar lo que sí sucedió este día.

Aquí es importante que como líderes, nos disciplinemos en cuatro aspectos elementales:

1. **Los procedimientos diarios.** Hay Empresas o responsabilidades que tienen ya como muy estructurados ciertos procedimientos que se tienen que hacer diario. Por ejemplo yo siempre tengo que hacer un *Seguimiento a cotizaciones* y hacer un *Tiempo de Prospectación.* Eso siempre está en mi agenda. Y si yo hago esa actividad, le pongo una palomita ✓; si no la hago, pues le pongo una tachita ✗, y si no la hago ese día, al día siguiente tengo que utilizar más tiempo haciendo esa actividad que no hice. Este ejemplo es súper importante para mí, que estoy en el área comercial. Pero puede haber alguien que esté en un Área productiva y que siempre, al inicio de su jornada, tiene que realizar una junta diaria, ¡ah, pues ese es un procedimiento que tiene que tener una palomita al final del día!. ¿Por qué te

sugiero que se haga en papel o en una Agenda? Porque involucramos nuestra mano, la mente... o sea, hay más sentidos involucrados, y esto nos permite tener una mayor comprensión y también se incrementa mucho el compromiso cuando vamos señalando físicamente lo que no se ha hecho y lo que sí se ha hecho.

2. **Darle el seguimiento.** Otro punto importante para ti como líder: debes poner en tu agenda, en los renglones cuál es el seguimiento que tienes que dar: si es seguimiento a Metas, seguimiento a algún proyecto... ¡todo lo que sea seguimiento con tu gente tiene que tener un espacio en esa agenda!, para que al final del día puedas palomear lo que sí diste seguimiento y lo que no, lo programes para el siguiente día como Prioridad Número Uno.

3. **Debes tener una preparación personal y profesional.** Todo buen Líder tiene que tener una preparación personal y profesional, y en el espacio de tu día o en tu agenda debes dedicar algún tiempo para leer (30 minutos), para revisar algún video, para compartir con algún compañero información de utilidad. Este tiempo se considera de preparación personal y profesional, y si no lo haces, puedes empezar al menos una vez a la semana a dedicar este tiempo para que empieces este crecimiento personal y profesional.

4. Finalmente, lo que se concluye, es **tener la Lista de prioridades** que debes atender en tu día a día, de todas las acciones que son responsabilidad tuya y que no tienen que ver con colaboradores: si hay que asistir a una Reunión, si hay que ir a una Cita, si hay que Hacer una cotización o una actualización, o si hay que hacer algo gráfico, ya tú lo vas a priorizar en base al Nivel de Urgencia y de Consecuencia que tengan.

Aquí te recomiendo mucho que busques el video de "Cómo manejar la Agenda Franklin Cobi", que está en nuestro canal de *You Tube Ignius Tv*. Te va a ayudar mucho para saber cómo priorizar en base al Nivel de Importancia.

En conclusión, lo que busca esta técnica es que tú, como Líder, siempre, AL FINAL DEL DÍA, hagas un corte de caja en base a la lista de todo lo que se tenía que hacer y busques palomear las casillas ✓ ✓ ✓ ✓.

Y a lo que no hiciste ponle una tachita ✗ para que lo programes para el día siguiente y lo pongas como Prioridad Número Uno.

No te confíes a tu mente. Todo tiene que estar en papel. Hay un autor que me gusta mucho que es Brian Tracy; él dice que cuando dedicamos 10 minutos al inicio de la jornada para planear nuestro día, esos 10 minutos nos van a dar una hora más al día; porque esos 10 minutos los dedicas para enfocar muy bien a tu gente y lo que vas a hacer Tú en tu día.

Te invito a que pruebes esta técnica. Sin duda va a aumentar tu confianza y desempeño. Si tienes cualquier duda, contáctame en **www.ignius.com.mx**

1.6. Entrenado para ser un verdadero Líder

Ahora voy a compartirte "Los Básicos de Entrenamiento para el Liderazgo".

A mí me gusta mucho la filosofía de Toyota, que siempre busca que un Líder tenga "gente grande" a su lado. Es decir, que los compañeros de tu Equipo de trabajo o subordinados sean gente preparada, capaz, autónoma, empoderada, porque esa es LA ÚNICA MANERA en la que tú como Líder, o Gerente o Coordinador o Supervisor vas a poder llegar a los Resultados.

"Los líderes de Toyota, dada su comprensión exhaustiva del trabajo y la habilidad de desarrollar, aconsejar y liderar personas, son respetados por

> *su conocimiento tecnológico, así como seguidos por sus habilidades de liderazgo. Rara vez dan instrucciones. De hecho, a menudo lideran y mentorizan haciendo preguntas. Un directivo de Toyota hará preguntas acerca de la situación y de la estrategia de la persona para actuar, pero no dará la respuesta a esas preguntas, aunque la conozca."* 6

Observa atentamente: el problema grave de muchas Organizaciones es que interviene gente en las diferentes actividades del proceso o del departamento, pero muchas veces esta gente no está entrenada o certificada en su puesto para realmente cumplir sus funciones como se debe. Esto genera muchos problemas de calidad, de entregas a tiempo, problemas interdepartamentales, de comunicación... Y desafortunadamente, para muchas Organizaciones esto es su día a día.

Y es por eso que tenemos que empezar a hacer cosas diferentes si queremos tener resultados diferentes.

Una realidad es que una inmensa cantidad de colaboradores (que hoy pueden estar en tu Organización) NO fueron entrenados en su puesto. Esto tú lo tienes que descubrir, y revisar uno a uno a tus subordinados para ver si tienen el entrenamiento requerido y si les queda

6 **K. LIKER**, Jeffrey. "Las Claves del Éxito de Toyota". PlanetadeLibros, España, 2010.

absolutamente claro qué es lo que tienen que hacer, cómo lo tiene que hacer, con qué lo tienen que hacer y al final, qué es lo que tienen que entregar.

Ahora bien, una realidad muy lamentable en todas las empresas es que solamente los Altos mandos o a nivel Gerencia (¡y si bien te va, Supervisores!) reciben capacitación de Alta Calidad; pero ya cuando volteas a ver a toda la Organización, la gente que opera los procesos, que hace día con día las actividades, tiene muy poca o nula capacitación.

Y lo más lamentable (¡esto realmente es un problema!) es que cada vez se reducen más los presupuestos de capacitación. Lo tenemos que ver como un problema, porque si no entrenamos a la gente, si no la capacitamos, ¿cómo queremos que las cosas se hagan con calidad, BIEN HECHAS Y A LA PRIMERA?

Reflexiona: como Líder, ¿qué estás haciendo en el tema de la capacitación para tu gente de los niveles más bajos?

Ahora, una cosa muy lógica es que mientras mejor calidad tengamos, mejor entrega y mejores utilidades y costos vamos a tener dentro de la Organización: si no tenemos una buena calidad, automáticamente nos va a pegar en tiempos de respuesta, en problemas con el cliente, en problemas departamentales, en re-trabajos, en re-procesos, y todo esto provoca un alto costo para tu Organización.

Yo quiero dejarte bien claro que la responsabilidad que tienes tú como Líder es asegurar que tu gente esté entrenada para hacer siempre las cosas con una mayor calidad. Esto va a impactar en que tengan mejores resultados, en que la calidad se mejore, en que bajen los costos, en que tu personal esté más contento, más satisfecho, menos frustrado, menos desmotivado.

Porque si la gente hace bien las cosas, pues se mete como en un flujo continuo de una energía positiva, que les va a ayudar inclusive a sacar el trabajo con más Eficiencia.

Algunos de los Básicos de entrenamiento que tienes que garantizar con tu Equipo y como Líder, para que cada vez más de tu gente haga las cosas con calidad, son:

a) **PRIMERO**: pregúntate si cada colaborador tuyo, al menos una vez al año, ha recibido una Evaluación o una Retroalimentación de Desempeño de tu parte. Esto es importante.

   Si de plano no sabes qué es, o no lo has hecho nunca, te invito a que veas nuestro video de "Retroalimentación de desempeño" en nuestro canal de *You Tube Ignius Tv* y lo implementes ya, al menos una vez al año. Si la gente tiene esta cercanía contigo, también va a mejorar mucho la Comunicación.

b) **SEGUNDO**: cuestiónate si la empresa donde estás hoy dispone de capacitación para los empleados a fin de que sean más eficientes.

Muchas veces no hay una buena comunicación entre el área de Recursos humanos y las diferentes áreas de la empresa. Aquí, si ellos no te han dicho con qué capacitación cuentan para ayudar a que tu gente haga mejor las cosas, ¡pues Tú también puedes dar ese primer paso!: tomar la iniciativa de ir con ellos para ver qué pueden hacer en conjunto, porque al final, lo que hagan juntos va a beneficiar a tu departamento y a TODA la empresa, y por lo tanto, también a todos los departamentos que la forman.

c) **TERCERO.** ¿Los colaboradores son medidos continuamente a fin de saber su desempeño en el lugar? Aquí nos metemos en aprietos, porque hay mucha gente que ni siquiera tiene metas.

El reto es regresarnos y primero, observar si nuestros colaboradores o equipo tienen Meta, y si todos tienen claro qué es lo que tiene que hacer para lograrla. Si no hay claridad, lo que tienes que hacer es PONER esa Meta, explicarla, e iniciar las Acciones necesarias para que tu gente empiece a trabajar de una manera más enfocada.

Finalmente, te recomiendo preguntarte si existe un entrenamiento en el puesto específico de cada uno de tus colaboradores. Lo puedes hacer de la mano con Recursos Humanos, porque si no tenemos personal entrenado y certificado en el puesto, NUNCA vamos a tener resultados sorprendentes y de calidad.

Yo sé que hay mucho trabajo por hacer, pero lo prioritario es poder identificar qué es lo más importante que debemos comenzar a hacer como líderes para que los resultados y la mejora de la comunicación y eficiencia se comiencen a dar más en tu departamento.

1.7. La Estrategia del verdadero Líder

Y para concluir este primer capítulo, te compartiré "los Básicos de Estrategia para el Liderazgo".

Un problema real que las Organizaciones tienen es que muchas veces se quejan por la falta de liderazgo de sus Gerentes, de sus Directivos, y de que la Metas NO SUCEDEN.

Esto tiene un fondo, o una causa raíz muy importante: muchas veces, se observan problemas de liderazgo, o hay poco liderazgo en las personas de la organización porque hay una POCA DEFINICIÓN ESTRATÉGICA.

La Definición Estratégica, a lo que ayuda es que todas las personas de una Organización sepamos cuál es el rumbo, cuáles son los Objetivos, cuáles son los Proyectos más importantes de cada año. Y si dentro de tu organización no hacen Planeación estratégica, pues probablemente tengan muchos problemas de liderazgo porque la gente no sabe a dónde enfocarse, o qué es lo que tiene que hacer.

Algo que yo he aprendido en mis largos años de experiencia es que cuando no tienes una Definición estratégica ni la conocen las personas, nunca vas a tener buenos líderes.

¿Y por qué puedo decir que NUNCA? Pues porque lo que hace la Definición estratégica es que a cada responsable de Departamento o de Proceso le dice cuáles son sus Metas, cuáles son los Proyectos que vienen desde la Dirección y que se tienen que ejecutar para lograrlas. Esto hace que los líderes crezcan, se vuelvan muy creativos y hagan trabajo en equipo con su gente.

Mas cuando hay una ausencia de Definición estratégica, es muy probable que tus líderes estén haciendo lo mejor que pueden con lo que tienen, pero no necesariamente se verá algo sorprendente en el Resultado final que como Organización debieran de tener.

Desde mi experiencia y punto de vista, un Líder siempre debe estar atento a esas definiciones estratégicas, y si hoy no existe en tu organización, pues tienes que levantar la mano, tienes que acudir con la Dirección más alta de la empresa para comentarle que está haciendo falta una Definición estratégica.

Porque cuando no hay una Definición estratégica es probable que hay gente frustrada dentro de la organización, hay falta de comunicación, hay una falta de enfoque, y muchas veces la gente está desperdiciando sus recursos de tiempo, dinero, herramientas, personas... ¡cualquier cosa que puede estar utilizando, no se está enfocando en lo que es realmente importante para la Organización!

Te voy a dar unas recomendaciones en forma de preguntas detonadoras, que te van a ayudar a realmente validar si realmente dentro de tu organización hay una Definición estratégica correcta.

Hoy, en tu Organización,

¿existe una definición Estratégica en cuanto a la Misión, Visión y Valores, comprendida por todas las personas que forman parte de ella?

Tú ya sabrás qué respondes a la pregunta, pero es fundamental porque estos elementos se conocen como los Propósitos Estratégicos, y cuando a toda la gente de una Organización le queda absolutamente claro para qué existe, hacia dónde va, y cuáles son sus valores, la empresa puede enfocar muy bien todo lo que hace en el día a día.

Pero cuando no tenemos este referente, la gente hace lo mejor que puede y muchas veces está desperdiciando mucho recurso de tu organización.

Siguiente pregunta que debes hacerte como Líder:

¿tu Organización cuenta con un Plan estratégico claro para todos?

Es decir, si tú en tu área tienes Objetivos y Proyectos que van ligados a la Estrategia, ¡felicidades! ...pero si en las demás áreas esto no está claro, estás en problemas, porque lo que busca una Definición estratégica es que todas las personas de una organización tengan claridad respecto a ese plan estratégico.

Y esto va ligado a la siguiente pregunta:

¿se tienen definidas Metas para cada Departamento de la Organización?

Esto importa porque la gente, nosotros como seres humanos, necesitamos sentir la responsabilidad a través de la rendición de cuentas.

Y cuando no hay metas, y hay ausencia de rendición de cuentas, las organizaciones viven en una zona de confort, están relajadas, y créeme, si es tu caso, esto NO ES NADA BUENO.

Como Líder, tienes que levantar la mano, tocar la campana, hacer lo que tengas que hacer e impulsar iniciativas para que tu organización pueda tener esa Planeación Estratégica que le dará un Enfoque y mucha claridad a todos los líderes que forman parte de la empresa.

Y la última pregunta que te recomiendo explorar: si tus líderes y equipos de trabajo tienen una Estrategia, dicha estrategia

¿está ligada a incentivos o recompensas que motivan al logro de las Metas?

Un error que sucede mucho en la Planeación Estratégica es que sí *se ponen las Metas*, sí *se ponen Objetivos*, PERO NO HAY UN SENTIDO DE LOGRO que las personas quieran alcanzarlo, porque no hay nada ahí para ellos.

Yo te recomiendo que recapacites: si no hay incentivos, pues ve y busquen la mejor manera de proponer incentivos para motivar a que la gente de tu Organización logre las Metas.

Concluiste el Primer Capítulo.

¡Sigue adelante, porque tu esfuerzo y constancia te harán un Mejor Líder!

¿Qué aprendiste?

Anota las ideas más importantes que aprendiste en este capítuo y aquellas acciones que deberás de llevar a cabo para mejorar y convertirte en un **LIDER DEFINITIVO**.

_____

_____

_____

_____

_____

_____

_____

_____

CAPÍTULO II
Administración del tiempo

"El tiempo es una sucesión de sucesos que sucede sucesivamente suceda lo que suceda".

-Gustavo Hernández. (Escuchado en un curso de Franklin Quest)

2.1 Cómo tener mañanas más productivas

¡Me encanta que continúes esta lectura, porque a través de este libro compartimos contigo información que puede cambiar tu vida y tus resultados!

Y esto tiene que ver con cómo hacer para cada vez tener un mejor uso del Tiempo. En esta parte nos enfocaremos mucho en recomendarte algunas ideas para que tengas mañanas MÁS PRODUCTIVAS.

Todos sabemos que las primeras horas de la mañana son las que determinan el desempeño productivo, porque es cuando estamos más frescos, no hay stress, no ha habido todavía problemas o dificultades, y realmente tenemos una actitud muy alta.

La recomendación que te hago es de suma importancia. Tiene que ver con la idea de administrar nuestro tiempo en base a nuestra energía, no administrar tu tiempo en base a lo que tienes que hacer. Créemelo, ¡esto cambia todo!

Si tu energía productiva es más alta en la mañana, pues ahí es donde tienes que identificar cuáles son aquellas actividades que van a hacer la diferencia y que si te enfocas a realizarlas en las primeras horas de la mañana, en el resto del día vas a estar más tranquilo y con menos stress.

También es muy importante que identifiques cuál es tu tipo de energía, porque no es una regla general que todos seamos más productivos en la mañana (la gran mayoría de la gente sí) y me ha tocado conocer a mucha gente que es más productiva en la tarde o incluso en la noche.

Entonces, Tú tienes que conocer tu tipo de energía creativa, de enfoque, cuándo es más intensa (si en la mañana o en la tarde) y es ahí donde tienes que poner todas esas acciones importantes que tienen que ver con creatividad, con resultados, o con actividades que impliquen nuevas creaciones.

Hay algo que a mí me gusta mucho. Lo aprendí de Mary Kay: *tienes que levantarte siempre a las cinco y media de la mañana*. Si tú te levantas a las cinco y media y dedicas dos horas de tu tiempo, te aseguro que avanzas muchísísimo más que si esas mismas actividades las hicieras ya en el medio de un día, presionado y "a la carrera".

¿Por qué es importante "El Club de las 5:30", como yo le llamo? Porque en ese momento no hay interrupciones, nadie más se ha levantado, no suena el teléfono, y si tú te enfocas durante ese tiempo a esas actividades más importantes, vas a tener días más tranquilos, sin tanta carrera y más felices.

Algo importante también, para saber en dónde me voy a enfocar, es prepararte siempre desde la noche anterior. Yo desde hace tiempo tengo el hábito de que cuando ya cierro mi día, y veo cuáles actividades hice ✓✓✓ y cuáles no ✗, pues las paso al día siguiente. ¡Y no me voy de mi oficina o de donde esté hasta que no priorice y sepa cómo va a estar mi siguiente día!

Esto es algo muy padre porque duermes más tranquilo, no sufres stress en la noche porque confías perfectamente que mañana ya sabes cuál es tu plan. Vete a la cama siempre con un Plan de Trabajo hecho para que al día siguiente comiences con toda la energía.

También es muy importante que cuando estés trabajando en estas horas creativas, de enfoque de esas actividades importantes y críticas hagas el hábito de NO ABRIR TUS CORREOS hasta en la tarde. E

sto sí se puede hacer. Realmente, si eres Ventas o Atención al Cliente, es un poco diferente; pero si no estás en ninguna de estas áreas puedes dejar pasar grandes lapsos de tu tiempo sin revisar el correo.

Yo insisto mucho en esto porque el correo ES UN LADRÓN de tu tiempo. Y muchas veces te metes a contestar algo que no es trascendente y dejas lo trascendente por distracciones que no vienen al caso.

También puedes apagar tu celular y dejarlo en una sala fuera de donde vas a estar enfocado. ¡Es una estrategia que funciona padrísimo!, porque así realmente vas a estar cien por ciento haciendo lo que tienes que hacer.

Y también, siéntate y levántate. Es decir, establece bloques de actividad de 45, 60 minutos en los que tu atención va a ser del 100%, y cuando se agote este tiempo programado **levántate**, haz algo que se llama el "**NEAT**"; tiene que ver con que te actives un minuto, para que haya una mejor oxigenación en tu cuerpo, para que los fluidos de los órganos se muevan y entonces, después de ese minuto, si además te tomas un vaso de agua, regresas y te sientas, realmente estás más despierto y más alerta para seguir con el enfoque de la siguiente hora.

Esto es algo que te recomiendo que empieces a probar para que veas que sí funciona. Y recuerda,

LA ADMINISTRACIÓN DE TU TIEMPO DEPENDE DE TÍ.

2.2. Administración del tiempo paso a paso

"El tiempo es un capital valioso:

* Porque es muy escaso

* Porque no se puede comprar

* Porque no se puede ni escatimar ni almacenar

* Porque no puede multiplicarse

* Porque pasa lenta pero inexorablemente

* Porque es VIDA." [7]

Y siguiendo con el tema de cómo administrar mejor tu Tiempo, quiero recomendarte algunos hábitos personales que he llevado por muchos años y que realmente me han permitido ser una persona muy organizada con mis tiempos y lograr los resultados que se esperan de mí.

Es muy importante que evites pensar *"es que eso no funciona **PARA MÍ**... eso no sirve"*. Te invito a que lo pruebes, y una vez que ya lleves varias semanas aplicando estos hábitos a tu vida, EVALÚA si te funcionan o no. Porque estos hábitos, lo que normalmente producen cuando

---

[7] **INFOSERVI**. "El ABC de la gestión del Tiempo" *www.infoservi.com*

son nuevos y no estamos acostumbrados a ellos es que mueven los paradigmas que ya traemos en la manera que normalmente administramos nuestro tiempo.

Todas las personas estamos en una Organización, en un puesto de trabajo para dar resultados, y es muy importante que en base a estos resultados siempre prioricemos el tiempo del día. Es decir, que tu día empiece con una lista escrita donde tú puedas identificar cuáles son las actividades que debes de hacer en primer lugar y que van a impactar directamente en los resultados.

¡Por supuesto que sería muy tonto empezar tu día con actividades que no van a impactar en ningún resultado, y solamente las haces porque te gustan! Esto no va a funcionar con la correcta administración del tiempo.

Todo lo que hagas, SIEMPRE lo tienes que pasar por el filtro del resultado que se espera para que te conviertas en un buen administrador de Tu tiempo.

El primer tip que te voy a dar es que, cuando vayas a comenzar cualquier actividad, te tomes cinco minutos antes de cada tarea para decidir qué resultado quieres obtener. Por ejemplo, si tú vas a bloquear un tiempo en tu Agenda de una hora para "Dar seguimiento", antes de empezar a hacer llamadas, o hacer el seguimiento con tu Equipo de trabajo, lo que tienes que hacer es tomarte cinco minutos para poner por escrito en un papel LO QUE QUIERES OBTENER en esa hora de tu tiempo.

Si esto está claro, en el tope de tu mente va a estar viva la intención de lo que buscas lograr en ese tiempo.

Y una vez que termine ese período que tú hayas asignado, lo que tienes que hacer ANTES de pasar a la siguiente actividad, es evaluar y tomarte otros cinco minutos para analizar con honestidad si realmente obtuviste lo que querías. Si no lo obtuviste, pues ya aprendiste algo. Y si lo obtuviste, ¡felicidades! Después, sigue practicándolo. ¡HÁZLO UN HÁBITO...! Y cada vez serás una persona más enfocada en dar resultados.

También es muy importante que cuando ya estás en el enfoque de una tarea, adoptes el hábito de QUE NO TE MOLESTEN. Si tú tienes una Oficina, pues puedes poner un letrero en la puerta que diga "**NO MOLESTAR**". O si estás en un cubículo o en algún escritorio, haz un anuncio así, muy padre, en un acrílico, que diga "**No Molestar**", y comenta con las gentes que normalmente están en relación contigo que vas a estar ocupado en una tarea importante, y que no quieres interrupciones, y que cuando vean el anuncio de "**NO MOLESTAR**"... realmente EVITEN molestarte.

Obvio, si te necesitan en una urgencia y algo grave está pasando, pues te tienen que interrumpir; pero normalmente, si tú analizas las interrupciones que sufres en tu día, muchas veces no son interrupciones por asuntos de Vida o Muerte, y lo que sí provocan es hacer un Alto en el enfoque que tú tenías, obligarte a poner atención a esas personas o a esa llamada y luego, te lleva otro tiempo volver a conectarte con la actividad de enfoque que estabas haciendo.

Tranquilo.

No pasa nada. Aquí con lo que tenemos que luchar mucho es con el paradigma de nuestro México y toda Latinoamérica de que no sabemos decir que no. Aquí se vale empezar a decir QUE NO, **porque el Tiempo es tu Activo más Valioso**.

Y para terminar, otro tip que te quiero compartir: cuando estamos en estos enfoques de una tarea señalada en tu agenda, es muy importante que NO CONTESTES EL TELÉFONO. Porque si suena, o entra un correo a tu bandeja, lo que vas a hacer es lo mismo que si te interrumpiera una persona, y te vas a voltear, vas a contestar, y si ya es un problema o algo serio ya te desenfocó de la tarea que estabas haciendo.

Por favor, si puedes, NO CONTESTES EL TELÉFONO, no te metas a redes sociales, no revises correos para que el cien por ciento de tu Atención esté dedicado a esa tarea que es importante para lograr tus resultados.

Practica estas recomendaciones continuamente hasta que se vuelvan HÁBITOS y ya verás cómo cada vez tendrás más tiempo para hacer las cosas que te gustan. ¡Mucho Éxito!

2.3. "El Enemigo".

La labor que tengo es compartirte con mucho gusto información práctica y valiosa que ayude a mejorar tus resultados personales y profesionales.

Y en ese sentido, voy a darte tres puntos clave que son algo así como *"el Secreto"*, o *"el Enemigo a vencer"* en el tema de Administración del Tiempo.

Ahora sí que es como tú lo quieras ver, porque muchas veces, como son cosas diferentes a lo que no hacemos normalmente, pues es "EL ENEMIGO". Y entonces en nuestra mente empiezan a aparecer muchos paradigmas anquilosados, o mucha ansiedad por cambiar lo que hago y al final no lo haces. Y cuando yo digo también que es algo bueno, pues si tú lo decides y lo implementas y lo pruebas, te vas a dar cuenta que realmente *sí funciona*.

Aquí lo primero que yo te quiero compartir (y esto es una Regla) es que te enfoques PRIMERO EN LO IMPORTANTE. ¡Aunque no te guste!

Muchas veces, si evalúas tu día, te das cuenta de que dedicas tiempo a aquellas actividades y tareas que realmente te apasionan y te gustan mucho; y las que no te gustan tanto, pues como que las vas dejando de lado, y las vas postergando... y las dejas para el día siguiente.

Pero muchas veces estas actividades tienen una razón de por qué no te gustan, y tú tienes que descubrir ese *por qué*. Si las tienes qué hacer, son actividades que van a impactar en un resultado; si de plano no te gustan o no impactan en ningún resultado, pues ahora sí, BÓRRALAS DE TU AGENDA Y QUÍTALAS DE TU VIDA. Pero si son actividades importantes para tu trabajo, es necesario que les dediques un tiempo considerable y de preferencia, a primera hora de la mañana.

Hay un ejemplo muy claro: los Vendedores. A ellos les encanta acudir a citas, andar en la calle, pero NO les gusta hacer prospectación, hacer llamadas "en frío", y estas actividades las van postergando. Sin embargo, estas actividades son parte vital de su trabajo para que cada vez se esté abriendo más mercado.

Te invito a que tú evalúes si realmente esas actividades que estás postergando en tu día a día las estás postergando porque no te gustan, porque no tienes la información, o porque no sabes.

En este punto también tenemos que aprender a ser "EGOÍSTAS". Y tenemos que aprender a decir QUE NO, independientemente de que las personas no estén acostumbradas, tienes que fomentar una cultura de que nos enfoquemos a *hacer lo que tenemos que hacer cuando lo tenemos que hacer*, y si hay interrupciones, aprender que esas interrupciones van a marcar un alto en nuestro enfoque y van a desfasar el tiempo de nuestra agenda.

Por eso es importante, de vez en cuando SER EGOÍSTA.

> *"Hay que aceptar que no se puede llegar a todo y que tendrá que decir "no" a algunas cosas. Tendrá que decírselo a colegas, a subordinados o a su propio jefe. Pero esto no es todo: la persona a quien le puede resultar más difícil decir "no" es usted mismo. Y es que hay numerosos motivos para decir "sí": no querer ofender a los demás, no pensar en cómo un elemento nuevo afecta a la carga de trabajo ya existente, etcétera. Todos tenemos nuestros puntos débiles en este sentido. Hay que ser conscientes de nuestras propias tendencias cuando estas nos desvían de nuestras prioridades."* [8]

También, un hábito muy importante es que cuando tú ya priorizaste en base a lo que te mencioné en el apartado anterior, NO PASES de una tarea hasta que no hayas concluido la importante o la que estabas haciendo.

Porque muchas veces hay gente que anda "saltando" de una tarea a otra y trae muchos momentos inconclusos en su

---

[8] **FORSYTH**, Patrick. "Cómo administrar su Tiempo". GEDISA. España, 2005.

agenda... esto es un muy mal hábito y lo tienes que cambiar, y la única manera de cambiarlo es disciplinándote y hacer lo que tienes que hacer, y una vez que terminas, pasar a la siguiente.

Otro paso clave: MINIMIZA LAS REUNIONES. De repente nos enfermamos de "juntitis" y reuniones que realmente no aportan nada al Resultado, a tu Vida, a tu Trabajo, ¡y aparte ni solucionan los problemas por los que se juntaron!

Aquí tú tienes que ser muy crítico y muy cuidadoso, y realmente definir a qué reuniones SÍ asistes y a cuáles ya NO vas a asistir; tú tienes el Control de tu tiempo y tienes que saber negociar para que cada vez tengas un Mayor Enfoque en lo que tienes que hacer.

No te desesperes: practica estos tips hasta que se conviertan en nuevos hábitos de tu desempeño.

¿Qué aprendiste?

Anota las ideas más importantes que aprendiste en este capítuo y aquellas acciones que deberás de llevar a cabo para mejorar y convertirte en un **LIDER DEFINITIVO**.

_____

_____

_____

_____

_____

_____

_____

_____

_____

CAPÍTULO III
EL LÍDER HUMANO

> "*Los líderes sobresalen por la manera de aumentar el autoestima de su personal. Si las personas creen en sí mismos, es increíble todo aquello que pueden lograr*".
>
> *Sam Walton*

3.1 Cómo ser un Líder más humano

¡Avanzamos...! Realmente me encanta compartir algo que estoy segura (porque me lo dicen todos a los que hemos ayudado) que te puede ayudar muchísimo en tu Organización.

Las Organizaciones están formadas por PERSONAS, y cuando son organizaciones exitosas, esas personas son guiadas por grandes líderes. Los Líderes tienen que ser personas en Continua Formación y en Continuo Crecimiento.

Y en este capítulo abordaremos un aspecto fundamental del Líder:

LA PARTE HUMANA.

A final de cuentas los Líderes somos seres humanos que también tenemos nuestros traumas, nuestras "cositas" acá *escondidas* que NO son tan positivas y que las tenemos que trabajar si realmente queremos ser MEJORES LÍDERES.

Hablo de algunos aspectos que Tú, Líder, tienes que cuidar, tienes que pulir, tienes que fortalecer para ser un mejor Líder HUMANO. ¡Esto es bien padre, porque finalmente, estamos trabajando con Personas! No nada más las máquinas o las herramientas son los elementos que producen los Resultados.

¡Como personas, tenemos que crecer muchísimo!

Y si Tú como Líder identificas esto, lo trabajas y creces, sin duda vas a ayudar a que tus subordinados o colaboradores que estén cerca de ti también puedan crecer.

Toma nota: la primera parte que te comparto es que Tú tienes que ser un Líder que tenga una excelente Actitud de Aprendizaje.

Es decir, QUE TENGAS LA VOLUNTAD DE APRENDER. Yo tengo una frase que dice que "los lectores son Líderes". O sea, tienes que ser una persona que tenga mucha ambición de saber más, de leer de diferentes temas de tu área de expertiz, porque si tú te estás preparando continuamente con información nueva, pues eres un líder Fresco, no te vuelves Obsoleto.

Esta parte de la **Voluntad de Aprender**, yo la aprendí hace más de quince años con Brian Tracy: él siempre dice que como Líderes, o como Ejecutivos de una Organización, *"siempre tenemos que tener las ganas de aprender"* para salir adelante, porque eso es lo que más valora una organización.

"Todos los conocimientos empresariales pueden aprenderse. Los que lo hacen mejor en algún campo de los negocios aprendieron los conocimientos esenciales, combinados con otros, antes que usted. Si no está logrando lo que otros logran, eso significa, simplemente, que todavía no ha aprendido los conocimientos necesarios. ¿Será fácil? Por supuesto que no. Todo lo que vale la pena exige mucho tiempo y trabajo. Pero es posible, si lo desea con la suficiente fuerza y está dispuesto a trabajar durante el tiempo suficiente.

Y una vez que lo haya conseguido, valdrá cada minuto de esfuerzo que haya hecho."[9]

Aquí no se trata de que tú te esperes a ver qué capacitación *te va a dar* la Organización o el Área de Recursos Humanos. No. Tienes que ser un Líder proactivo, con iniciativa, que empieces a aprender POR TI MISMO. El que estés leyendo este libro es una muestra de que te interesa mejorar.

También es muy importante que tú te hagas consciente de que entre más conocimiento tengas, más vas a poder aplicar. Vas a tener más Motivación, más Herramientas, más cartas qué jugar para resolver las situaciones que se te presenten como persona y como Líder.

Yo te recomiendo muchísimo leer a Ken Blanchard, que desde mi punto de vista, todas las herramientas que maneja en sus textos dan muestra de un Liderazgo muy humano, que realmente es un oportunidad de obtener las herramientas para formarte y ser un mejor Líder.

El segundo aspecto de cómo ser un Líder más humano tiene que ver con que seas una persona abierta a que te enseñen. Es decir, que no sientas que porque ya llegaste a esa posición *"ya lo sabes Todo... y la gente de abajo no te*

---

[9] **TRACY,** Brian. "METAS. Estrategias prácticas para determinar y conquistar sus Objetivos." Editorial Empresa Activa, Ediciones Urano. España, 2004

va a enseñar Nada". Tienes que ser una persona DÓCIL para que cuando alguien te enseñe, aprendas y lo pongas en práctica.

También tienes que ser una persona dócil en esta parte humana para que, **si te equivocaste y te corrigieron** (aunque quien lo haga sea un subordinado) realmente lo tomes en cuenta y veas que estas personas que te están *retroalimentando* realmente son *maestros* que te están ayudando a que seas una mejor persona, y por lo tanto, un mejor Líder.

Cuando te digo que seas una persona *enseñable* que sea *dócil* para Aprender, hablo también de que todo esto es una Disposición, que te va a permitir aceptar de una manera objetiva la retroalimentación que tus compañeros, tu jefe o inclusive tus subordinados te pueden dar.

En mi caso, realmente... *¡híjole!* ...

HACE MUCHO ME QUEDÓ CLARO *QUE NO LO SÉ TODO*; que solamente soy una persona en continuo Aprendizaje y que probablemente sí, cada vez sepa más, pero...

"¿qué crees, Ana? ¡Falta mucho más por saber!... *Entonces, ¡no te agüites...!"*

Siempre, si estás en esta posición proactiva, de aprender de todos, realmente vas a recibir estas retroalimentaciones muy bien, las aplicas, ¡y vas avanzar muchísimo en Tu Vida!

Otro aspecto también muy importante es que **acepta que no siempre vas a tener la Razón**.

Son un asunto muy feo los líderes y las personas a quienes "no les entra" que están equivocados, o que las cosas no son de cierta manera. Estas son personas muy *emparadigmadas*, con creencias muy fijas que solamente lo que hacen es detener el progreso de una Organización.

Si tú te consideras una persona que no siempre aceptas cuando te equivocas, o que cuando alguien te propone una cosa diferente tú no permites que esa información llegue a ti o a tu equipo de trabajo, no te preocupes... Más bien ¡OCÚPATE!

Y empieza a identificar por qué no quieres que otros opinen, o por qué no quieres cambiar TÚ ese punto de vista. Porque probablemente, *algo estás ganando*. Aquí es muy importante que sepas que **todos cometemos errores**, todos somos Humanos; el punto es que no sean errores recurrentes, o sea, si cometiste un error... *Okay!* Haz un alto, analiza qué hiciste mal, obtén aprendizaje ¡y sigue adelante! NO TE QUEDES ESTANCADO EN EL ERROR.

Porque también yo he conocido muchos líderes (y también seres humanos) que de repente están todos traumados, todos frustrados porque en el pasado cometieron algún error, y ya desde ahí se pusieron la etiqueta de FRACASO y no volvieron a avanzar.

Tú tienes que aprender de cada uno de tus errores Y SEGUIR HACIA ADELANTE. ¡Ese es el único camino!

> *"Henry Ford se encontró en derrota temporal, no solamente al principio de su carrera automovilista y aún después cuando había llegado al tope. Él generó nuevos planes y fue marchando hacia la victoria financiera.*
>
> *Nosotros vemos hombres que han acumulado grandes fortunas, usualmente reconociendo solamente su triunfo e ignorando las derrotas temporales que tenían que superar antes de llegar.*
>
> *Cuando la derrota viene, acéptelo como una señal, de que sus planes no son sólidos, reconstruya esos planes y embárquese otra vez hacia su meta codiciada. Si se rinde antes que su meta haya sido alcanzada, usted es un "perdedor."* [10]

Otro punto importante también es que hagas lo posible por cometer errores **UNA** SOLA VEZ.

Es decir: si ya sucedió el error, OKAY! *"**Aprendo, tomo acción, y ese error no me va a volver a pasar**"*. Esta actitud es la que hace que un Líder sea cada vez más grande y más respetable dentro de la Organización.

---

[10] **HILL,** Napoleón. "Cómo superar el fracaso y obtener el Éxito". *http://www.negociosyemprendimiento.org*

Finalmente, aprende a decir *lo siento...* ¡y a corregir el rumbo de inmediato! Si ya te equivocaste, no lo dejes así como *"mmh... a ver si no se dan cuenta."* ¡NOOO!

Asume tu responsabilidad, y si ya te equivocaste, pide disculpas en grupo si es el caso o a una sola persona pero realmente sé un Líder Humano, que entiende que se equivocó, pide disculpas, Y SIGUE AVANZANDO.

Si tú trabajas mucho esta parte Humana de Liderazgo en tu persona, vas a obtener mejores resultados en menor tiempo.

3.2 Claves para ser un Líder más humano

Ser un Líder más Humano. Esto es súper importante, porque antes de tener un puesto dentro de la Organización, somos personas, y si como personas nos desarrollamos y preparamos para tener un mejor liderazgo, ¡prepárate! Cada vez vas a tener mejores resultados si realmente tienes ese deseo de mejorar a nivel personal.

Quiero comentarte algunas CLAVES IMPORTANTES.

Comencemos con algo que es muy bueno: **escuchar lo que otros dicen de ti.** Muchas veces, sí, puede haber chismes, envidias o cosas que realmente no son constructivas y no te van a ayudar a ser mejor persona.

Pero entre todo lo que la gente dice de ti, puede haber cosas importantes que te den una retroalimentación objetiva o constructiva y te ayuden a ponerte en acción para ser una mejor persona.

ESCUCHA atentamente... y conviértete en ese tipo de persona y de Líder que se interesa realmente en recibir esa retroalimentación honesta de tu Jefe, de tus Colaboradores, de tus compañeros de Equipo; porque si tú te pones en acción, vas a ser un Líder que cada vez esté mejorando más y más.

También es importante que **aprendas de lo que dicen de ti**. O sea, puede haber cosas muy positivas que te digan; está bien, agradécelo, pero lo que más te debe de interesar es Aprender de las cosas Negativas que dicen de ti, para rápidamente pasar a la acción y cambiar esos comportamientos que no están siendo positivos para tu Equipo de trabajo.

Pero tampoco permitas que los juicios de los demás te perjudiquen. A veces los seres humanos estamos en este proceso de Aprendizaje y hay algunos individuos que quieren dañar. Si tú identificas ese tipo de personas NO los tienes que enfrentar.

Tú sabes quién eres, y si se están diciendo algo que no se fundamenta en datos, o que no es verdad, lo único que tienes que hacer es no permitir que esos juicios le resten seguridad a tu persona y a los resultados que estás obteniendo.

Como digo, aquí tú tienes que ser muy crítico e identificar qué es lo que sí te sirve de esa retroalimentación para ser una mejor persona. Si vas practicando esto, cada vez vas a ser mucho más sensible y vas a poder analizar el tipo de comentarios que vienen de las personas que están hablando de ti.

También es muy importante aprender a **escuchar para mejorar.** En muchas ocasiones dices

"¡Ah sí, ya le entendí a Ana. ¡Ahora voy a escuchar y todo!"

Pero apenas te están diciendo algo, ¡y tú empiezas a justificarte! Y le dices al colaborador:

-¡No, no, no! ¡Espérate! … ¡Es que en aquella ocasión fue por esto, y por esto, y por lo otro…!

O sea…

Aquí lo que tú tienes que hacer es PERMANECER EN SILENCIO.

Escuchar, es realmente utilizar tus dos oídos en toda la presencia que se pueda de ti para entender qué te está diciendo la persona. No interrumpas. Ahora sí que RESISTE a esa tentación y escucha. Vas a obtener mejores cosas.

"El oído del líder tiene que vibrar con las voces de la gente.

"

(Woodrow Wilson, ex-Presidente de Estados Unidos)

Otro aspecto crucial en esta parte de desarrollarte y crecer como Líder es que tienes que mejorar en todos los aspectos de tu vida. O sea, no se vale que nada más te enfoques a lo Profesional, a lo Técnico, ¡y luego tengas una **cabezota llena de Conocimientos** pero estés enfermo, o no tengas buenas relaciones con los demás!

Aquí, el punto como Líder es que tú mantengas en Armonía todo tu crecimiento, y esa mejora que como personas tenemos que buscar. Yo te recomiendo mucho **enfocarte en el aspecto físico**, o sea realmente cómo estás de salud, si estás haciendo ejercicio, si te estás alimentando bien...

¡También en tu Mente!, o sea ¿cómo está tu Actitud? Porque muchas veces la Actitud de muchos líderes ¡APESTA!

Es negativa, y esto contamina a los Equipos de trabajo y al final provoca que las cosas NO sucedan. Un Líder tiene que estar enfocándose a desarrollar mucho esta parte de la **Actitud mental Positiva** cultivándola, reuniéndose con personas diferentes, leyendo sobre el tema...

¿Y por qué no también desarrollar **la parte espiritual**? O sea, no nada más eres esta persona física que está hoy aquí, sino que eres una persona que tiene una conexión espiritual con algo más Grande.

Cuando también empezamos a trabajar esta parte espiritual (que no Religiosa) del Ser humano, nos volvemos Líderes más carismáticos, más humanos, más íntegros.

Entonces, no dejes de lado la parte Espiritual.

Y claro, tocamos la parte PROFESIONAL. O sea, esta parte de que no esperes a que te manden a una Capacitación, sino que seas una persona en búsqueda constante de estar mejorando lo que haces en tu día a día y en tu Profesión.

Y finalmente, algo que a mí me gusta mucho compartir en esta parte del Desarrollo Personal, es **que seas una persona inquieta**. No seas alguien que se instala en su *zona de confort* y que se mantiene ahí, cómoda... y que todo se le convierte en una monótona Rutina diaria.

¡Ponle Emoción y chispa a tu vida, desarrollando tu *ser Humano* en todos estos aspectos que te acabo de comentar!

Y por último, es muy importante para que esto suceda, pues que Tú quieras aprender. Aprender nuevos conocimientos, nuevos comportamientos... ¡nuevos Hábitos!

O sea, esta parte de los hábitos es fundamental para los Resultados y para el Éxito en la vida. Los Hábitos reflejan **el tipo de persona que eres**, porque los hábitos involucran muchísimo la Fuerza de Voluntad que tiene la persona.

Entonces, también analiza qué hábitos positivos tienes y pues, esos NO LOS PIERDAS; ¡síguelos reforzando! Pero igual, sé muy honesto, identifica esos hábitos negativos que no te permiten ser un mejor Líder... que te están frenando, y te están limitando.

Y otro aspecto elemental en esta parte de Aprender, es que seas una persona inquieta con **actitud de retar** todas las creencias limitantes que mantienes en tu cabeza y en tu mente; estas creencias limitantes que en algún momento de tu vida aprendiste, y hoy no te dejan avanzar a un mejor lugar, a una Promoción, a ser una persona DIFERENTE.

El Ser humano tiene creencias que le potencializan y le ayudan a lograr buenos resultados, y esas creencias las tenemos que seguir reforzando y no perderlas.

Pero también hay creencias negativas que nos limitan y no nos permiten explotar el Máximo Potencial que tenemos como seres humanos. -*"Oye, Ana, ¿cuál será la mejor herramienta para yo pueda identificar esas creencias negativas?-*

¡Pues es muy sencillo! Tienes que ESTAR ALERTA y analizar los pensamientos que pasan por tu mente, que finalmente son creencias, y si hay creencias que te dicen

"Tú no eres bueno para esto..." "Tú no eres capaz para liderar gente..." "Tú lo has hecho en otras ocasiones pero realmente NO SIRVES para esto..."

¡Eso ya se ha convertido en creencias! Y esas creencias, al momento que se activan, sin lugar a dudas lo que hacen es mantenerte en tu zona de confort.

No le tengas miedo a enfrentar las creencias. Es un aspecto bien divertido de la Vida, porque muchas de esas creencias negativas o limitantes te las heredaron, alguien te lo dijo una vez ¡o muchas veces! Y tú, TONTAMENTE crees que es verdad.

La realidad es que cuando empiezas a desalojar todo ese tipo de creencias que son basura y que nos estorban, definitivamente, estoy al cien por ciento segura, que va a surgir la Mejor persona QUE ERES.

¡A trabajar mucho, para que las Empresas tengan cada vez mejores Líderes desarrollados en todos los ámbitos de su Existencia!

3.3 La Autodisciplina

Pues seguimos avanzando en la comprensión de este tema de Liderazgo con mi mejor intención.

Y mi mejor intención es que cada vez las Organizaciones tengan mejores Líderes, más preparados y mejores, que hagan que las cosas sucedan.

En mis Talleres, yo siempre le comparto a la gente que para mí, Liderazgo es sinónimo de **hacer que las cosas sucedan**.

Ahora sí que un Líder, como dice una señora muy simpática que conozco, *¡a ver en qué palo se trepa!* PERO DEBE LOGRAR que todo su Equipo, todos sus miembros trabajando y en conjunto, logren las Metas de una Organización.

Un Líder tiene muchísima responsabilidad dentro de la Empresa, y cuando ya la tiene clara y recibe este tipo de Información o herramientas sabe que le van a ayudar a perfeccionar muchísimo más lo que hoy está haciendo para que obtenga mejores resultados.

Hay una cualidad que tiene que ver con los líderes que son más humanos y que dan mejores resultados:

AUTO CORRÍGETE.

Me refiero a que Tú tienes que tener esa capacidad de aprender por ti mismo lo que has hecho mal.

O sea, ¡no esperes a la retroalimentación de tu jefe, de tus subordinados o de tus compañeros de trabajo! Tienes que ser una persona activa, despierta, y que al final del día puede analizar qué hizo bien y qué hizo mal. Y lo que hiciste mal, simplemente cámbialo y no te va a volver a pasar si pasas a la acción.

Pero si nada más eres un líder "zombie", que anda deambulando por la vida y para quien un día es igual a otro, pues NUNCA vas a poder activar esa capacidad de Auto corregirte. Yo soy sicóloga, y a mí me impresiona profundamente la capacidad que tiene el Ser humano para que cuando quiere cambiar algo, se compromete y se disciplina, finalmente LO CAMBIA.

Entonces, esto es lo mismo con las cosas que tienes que aprender mejor, o que tienes que cambiar: si tú lo decides, y eres disciplinado y constante, vas a poder mejorar lo que hiciste mal.

(AUTODISCIPLINA:)

"Sin ella, nadie logra ni mantiene el éxito. No importa cuán dotado sea un líder, sus dotes nunca alcanzarán su potencial máximo sin la autodisciplina. Esta sitúa a un líder para llegar hasta el nivel más alto y es una clave para el liderazgo que permanece." [11]

[11] **MAXWELL,** John. "Las 21 cualidades indispensables de un Líder" 2000 Editores Caribe-Betania. E.U., 1999

Otro punto importante de la Auto corrección es que Tú debes ser consciente de TUS ACTOS, y por eso puedes ser capaz de reconocer el error. Las organizaciones no necesitan Líderes "zombies" que nada más "anden" por ahí y que no sepan lo que están haciendo.

¡Tú debes de saber lo que estás haciendo!

Y si hubo un error TUYO, ¡enfréntalo! Haz con total responsabilidad lo que tengas que hacer, y sigue avanzando en tu día a día.

También, un punto muy importante aquí, es que cuando Tú desarrollas esa capacidad de Auto corregirte, vas a tener un crecimiento enorme en tu desarrollo como persona. Algo que debes evitar es creer que SIEMPRE haces las cosas bien y que SIEMPRE tienes la Razón.

Cuando Tú eres una persona de este tipo, no vas a poder activar este mecanismo de Auto corregirte, porque ya tienes la creencia que Tú, *todo lo haces bien*. Y esta actitud no va a ayudar ni a tu Equipo de trabajo ni a la Organización.

Si eres ese tipo de persona, "no te me sientas *(ofendido)...*"

analiza honestamente, y si lo haces en un papel, escribiendo lo que estás haciendo mal y lo que estás haciendo bien, vas a poder impulsar acciones muy concretas respecto a lo que no te gusta de tu persona, vas a poder auto corregirte y vas a sorprender a todos tus compañeros de trabajo.

Otro punto que también te puede ayudar para decir

-*"¡Híjole, Ana! ¡Es que no sé si realmente sí soy un buen líder o un mal líder...!¡No tengo retroalimentación! ...¿CÓMO LE HAGO...?"*

Bueno. Algo que a mí me ha servido muchísimo a lo largo de los años es **emular (imitar) a los Grandes**.

Te invito a que hagas una lista de grandes personajes de la Historia que admiras, o pueden ser compañeros de trabajo o de alguna organización donde hayas trabajado e identifiques a esas personas como GRANDES LÍDERES.

Líderes que influyeron con su carisma, con sus resultados, con el crecimiento que tuvieron dentro de su momento histórico, con las cosas que realizaron.

¡Tampoco te engolosines!

Si tú identificas cinco... cinco líderes importantes de la Historia o personas conocidas por ti a quienes les reconozcas su capacidad de Liderazgo, te invito a que de esos cinco selecciones TRES, y de esos tres empieces a investigar a fondo todo lo que puedas: que leas sus biografías, si hay películas sobre su vida por favor míralas todas, si hay videos en You Tube revísalos.

Si hay personas vivas y que sean tu inspiración, TIENES QUE CONOCERLOS: invítales un café, pídeles que te dediquen un momento para que los entrevistes y sepas cómo han hecho su carrera. La gente que ha logrado éxito siempre está abierta a compartir lo que te puede ayudar.

> *"Todo, tanto en la vida como en los negocios, es relación... Nuestra capacidad para cultivar las relaciones acertadas con las personas adecuadas en todas las etapas de nuestra vida, personal y profesional, será el determinante crítico de nuestro éxito y nuestros logros y tendrá un efecto extraordinario en la rapidez con que alcancemos nuestras metas... Haga cuestión de principio relacionarse con la clase de personas que le gustan, a las que admira, respeta y quiere parecerse en el futuro.* [12]

Obvio: si tú quieres hacer un intercambio justo, de invitarlo a cenar, a comer, a tomar un café, o inclusive pagar unos Honorarios para que te ayude, no lo pienses mucho. ¡Hazlo! Porque esas personas tienen información que te puede ayudar a reducir el tiempo que Tú necesitas para mejorar.

Una vez que ya los conociste, que ya los investigaste a fondo, que ya leíste sobre ellos, lo que tienes que hacer es empezar a hacer parte de ti esas cualidades, esas características, y eso que ellos hacen muy bien, CON EL TIEMPO, te aseguro que Tú lo vas a poder hacer.

---

[12] **TRACY,** Brian. *op. cit.*

Si todavía no me entiendes lo que es esto de la *emulación*, piensa en lo que hacen **los cómicos**: un cómico ve a algún personaje que quiere imitar, y lo que hace es analizar todo su comportamiento, su lenguaje oral, su lenguaje corporal... Lo observa en diferentes escenarios, y al final, al realizar su representación cómica, lo que hace es *emular* esas cualidades.

¡Eso es lo que Tú tienes que hacer!

Yo, por ejemplo, tengo varias personas que admiro en diferentes ámbitos de la vida, y cuando tengo que tomar alguna decisión sobre contratar o despedir a alguien, me fijo en una amiga que la quiero mucho (se llama Rocío, trabaja en COSTCO como jefa de Recursos Humanos) y haz de cuenta que cuando hago eso, YO EMULO a Rocío, y digo: *"A ver. Rocío haría esto, esto no lo haría..."* y en ese momento no soy Ana, *emulo* las cualidades que yo veo en ella y esto me ha permitido, realmente, tener mejores resultados.

Tú puedes identificar en tu área de trabajo, en Liderazgo, (¡en el área que tú quieras!) a esas personas Líderes, aprender de ellas y comenzar a utilizar esas cualidades para que poco a poco, Tú te conviertas en ellos. Y algo bien importante es que te dejes sorprender por los Resultados positivos que van a resultar de este nuevo hábito.

No te desesperes: nada sucede de la noche a la mañana. TODAS las habilidades y cualidades se pueden aprender. Aquí, el Tiempo va a ser el mejor regalo que tú vas a tener para día a día implementar estas habilidades y mejorar tu Liderazgo.

3.4 Cómo enfrentar las cosas

Entre las diferentes herramientas y comportamientos que te estoy dando para que mejores en tu Liderazgo como persona, uno muy importante, que me gusta mucho, es que **No huyas de la crítica.**

Hay muchos líderes que no les gusta que se les retroalimente o que les hagan una crítica porque en el fondo sienten miedo y sienten que no están haciendo las cosas bien, y terminan dándole la vuelta y no enfrentan las críticas.

Yo te invito a que seas un Líder que tenga Valor, que tenga ese compromiso de mejora y no le huya a las críticas, sino que escuche con atención, sin cuestionar, qué le están diciendo realmente las personas.

Toma tus notas. La Información que se base en datos y que muestran tus puntos malos, ¡cámbiala! Lo que sea subjetivo, y que positivamente no tendrá impacto grande en tu carrera, simplemente agradécelo, no lo tomes en cuenta, pero sí haz algo con TODO lo que te están diciendo las personas.

Los que huyen de la crítica pierden su sentido de tenacidad. Porque lo que están reflejando es que no les interesa cambiar, no les interesa hacer algo de manera perseverante para cambiar lo que les están señalando.

Otro punto también aquí es que **mientras más sepas manejar las críticas, vas a crecer más**.

¡En todo momento de tu carrera te van a llegar críticas!

Tú puedes, con el tiempo, identificar qué críticas son negativas, qué críticas son positivas, y lo que sea negativo y no sea constructivo, ¡HAZLO A UN LADO y sigue adelante...!

Yo he conocido a muchas personas, que lamentablemente con todas esas críticas negativas que recibieron y que no eran verdad (eran percepciones subjetivas de quien se las dijo) frustraron sus sueños, frustraron su carrea, y son individuos que no sobresalieron.

Por eso es bien ¡bien importante! que Tú desarrolles ese nivel de Objetividad, para que puedas ver, de todas las críticas que te llegan, a cuáles son las que tienes que ponerles atención minuciosamente y hacer algo al respecto.

También, **conforme más Éxito vas teniendo, MÁS críticas vas recibiendo.** Así que prepárate, y definitivamente *aprende a escuchar* y no lo tomes personal NUNCA.

Todo lo que te digan, y que sea para tu Bien, impleméntalo y lo que no lo sea, no *"te sientas"* (entristezcas) con quien te lo dijo. No te enojes. No le dejes de hablar. NO LO TOMES PERSONAL. Es una percepción subjetiva.

> *"La crítica es algo que se puede obtener fácilmente, sin decir nada, sin hacer nada y sin ser nadie...*
>
> *Las críticas constructivas sirven de retroalimentación a nuestras acciones. Dejan el sentimiento de que se está recibiendo una ayuda...*
>
> *Ayudan a cada persona a conocer más sobre sí mismo."* [13]

¡Pero tampoco le vayas a jugar al "vivo"! Si constantemente muchas personas te están diciendo lo mismo, pues no te vuelvas ciego y te empeñes en no poner atención a eso, porque probablemente tengan la Razón y tú, por acá, pensando *"Yo estoy Bien"* termines por no dejar entrar la oportunidad de crecimiento que hay en las críticas objetivas para tu persona.

Otro punto también, como Líderes, es que **debemos de cuidar mucho nuestras reacciones** o respuestas

---

[13]*https://www.fing.edu.uy/tecnoinf/mvd/cursos/.../RPL-03-liderazgo_y_motivacion.pdf*

que tenemos ante los diferentes eventos que se presentan en nuestra vida.

En el día a día de tu trabajo, en la vida diaria, ¡no todo va a ser maravilloso! Estamos "bombardeados" todos los días por diferentes eventos que dependiendo del tipo de respuesta que yo elija va a ser el resultado que voy a obtener.

Yo te invito a que cuando tengas situaciones críticas como Líder, frente a algún problema, frente a algún conflicto, con algo negativo que esté sucediendo dentro de la Organización, NO RESPONDAS DE INMEDIATO (o no actúes). Tómate unos minutos... **deja que tu Emoción baje para que tu Inteligencia suba**.

Muchas veces, cuando hay una situación de conflicto, que nos perturba, tomamos malas decisiones, ofendemos, dañamos a la gente. Y esto sucede porque frente al evento permitimos que nuestra Emoción subiera, y muchas veces, al responder, hasta herimos.

Aquí lo que Tú tienes que hacer es dejar pasar unos minutos por lo menos para que esa emoción vaya bajando, y tu Inteligencia suba. Cuando haces esto en la vida y como Líder, lograrás ser alguien muy congruente y controlado (de que no se te salgan las cosas de control).

Algo importante también: **aprende a no responder de inmediato**. O sea somos seres humanos si de repente tú estás ocupado en algo, y alguien llega y te perturba... sólo dile

-*"¿sabes qué? Aguántame. La estoy escuchando a ella ahorita. ... Ahorita te atiendo."*

Porque muchas veces la gente demanda atención, y eso pues es necesidad que tienen; pero tú también tienes que aprender a no responder de inmediato, porque si tú dejas que todas esas personas entren en ese momento a tu vida al enfoque que estás teniendo, muchas veces no vas a acordar después ni lo que les dijiste y pueden cometerse errores más grandes y fatales.

En esto, Tú aprende a dedicar, con presencia y con objetividad el momento que estás atendiendo y NO RESPONDAS DE INMEDIATO. Somos humanos, y tenemos que pensar las cosas.

También hay ocasiones donde alguien, del otro lado (un colaborador, un compañero de trabajo) se le subió la emoción durante un problema y te ofendió, o te dañó. También ahí se vale que no respondas. Simplemente dile: *"¿Sabes qué...? Después hablamos"* Y retírate.

Porque muchas veces, cuando no tenemos esa madurez y los dos nos enfrentamos, vamos a causar que haya un problema mayor. Desde mi punto de vista, es válido muchas veces NO RESPONDER a ciertas cosas.

En fin, **no reacciones nunca instintivamente**. Tú te vas a ir conociendo. ¡De hecho yo creo que ya te conoces, y sabes ante qué situaciones reaccionas de una manera instantánea!

En esto, Tú tienes que irte controlando y tienes que permanecer en calma. Hay más tiempo que vida; entonces, no reacciones instintivamente. Una, para no dañar a otros, y también, para no tomar decisiones de las que luego te arrepientas.

Para finalizar, **identifica cuáles son tus detonadores negativos.** Con esto, te invito a que hagas un esfuerzo para identificar aquellas acciones que "te prenden", te hacen enojar, que te sacan de tu eje y pierdes el control.

Si tú identificas esas cuatro o cinco acciones que te sacan de tu centro, empieza a explorar por qué te sientes de esa manera.

¡Porque las otras personas no reaccionan así!

Entonces probablemente tú traigas alguna historia detrás, traigas algo inquietante del pasado que cuando se presenta esa situación, activa este detonador y lo que hace es provocar situaciones negativas.

Aquí, Tú tienes que trabajar mucho, de manera personal, en encontrar cuál es la causa raíz que dispara esos detonadores o reacciones negativas que tienes y cambiar tu comportamiento.

Si de plano es algo muy grave, pues pide ayuda psicológica profesional, ve a una terapia breve... ¡atiéndete!

No es normal que una persona esté reaccionando negativamente frente a situaciones que para los demás son de lo más normal.

"La baja tolerancia a la frustración está relacionada con dos elementos:

1) Una percepción equivocada y exagerada de la situación que estamos viviendo.

2) La creencia de que es horrible vivir el malestar y no lo podemos ni queremos aguantar." [14]

Aquí te doy una clave: tenemos que empezar a entender que todo tiene su momento, que todas las personas tienen su capacidad, su experiencia, y **no todos son iguales que Yo.**

Si tú empiezas a entender esto y a trabajarlo, puede ser que también esos detonadores, ante ciertas acciones negativas que pasan en el día a día, vayan disminuyendo.

Te invito a que experimentes qué otras reacciones en tu vida no son positivas, no son las que se esperan de un buen Líder, y a que **empieces a trabajar en ellas y cambiarlas.** Es un trabajo muy continuo para Ti, Líder.

---

[14] **RUSSEK**, Silvia. "Poca tolerancia a la frustración". http://www.crecimiento-y-bienestar-emocional.com/frustracion.html

Lo tienes que hacer de manera personal, pero lo primero que tienes que hacer es QUERER CAMBIARLO.

Porque si Tú no quieres cambiar, las cosas no van a mejorar; por más libros que leas, por más videos que revises, por más *coaching* que pidas.

Tengo una frase que dice:

"PARA CAMBIAR TU VIDA,

NECESITAS *CAMBIAR* TU VIDA"

Si quieres ser un mejor Líder, necesitas cambiar también ciertas reacciones, ciertos comportamientos que tienes, y que no son nada positivos para ti, y para tu gente.

¿Qué aprendiste?

Anota las ideas más importantes que aprendiste en este capítuo y aquellas acciones que deberás de llevar a cabo para mejorar y convertirte en un **LIDER DEFINITIVO**.

_____

_____

_____

CAPÍTULO IV

COLABORADORES EXITOSOS

> *"Liderazgo es elevar la visión de una persona, llevar su rendimiento a un mayor estándar y construir una personalidad más allá de sus limitaciones normales".*
>
> Peter Drucker

4.1 Para ser un buen colaborador...

Ahora quiero dar una recomendación para los colaboradores de una Organización.

En toda esta serie de tips que comparto contigo (¡con mucho gusto!) debo decirte que el Liderazgo también necesita tener una Alianza con los Colaboradores o Subordinados que están directamente relacionados con ese líder.

¿Cuáles son las Reglas para ser un buen Colaborador?

Hoy, las Organizaciones necesitan colaboradores que cada vez sean mejores, que sean valiosos, que logren las Metas, que aprendan, que se desarrollen dentro de la Organización. Y si a ti como colaborador, te quedan claras estas reglas, sin duda vas a poder desarrollar una Carrera dentro de la organización.

Es muy importante que si Tú eres el Líder, y estás leyendo este libro, lo compartas como parte del sistema de entrenamiento de tus subordinados para que ellos también aprendan esta misma lógica y así, todos juntos, lleguen más rápido a los Resultados. No fotocopies (estarías infringiendo la Ley de Derechos de Autor), adquiere más ejemplares para que cada uno de tus subordinados pueda tener para sí, y en cualquier momento, no solo en la Empresa, las herramientas que te comparto y que, estamos seguros, ayudarán a convertirte en un mejor Líder.

Algo muy relevante en este tema de la relación Líder-Colaboradores es que SON UN EQUIPO, y debemos tener muy claro que si un jugador gana, todos ganamos; pero si un jugador pierde, TODOS PERDEMOS. Así, como en los deportes.

"A veces se nos olvida, por ello es sumamente importante recordarlo: el líder no es más que el integrante de un equipo de trabajo con mayor responsabilidad. Se olvida por una razón trivial y tal vez frívola: a menudo es él quien recibe

la mayor cantidad de aplausos. Al tener la mayor visibilidad, el líder es el que destaca cuando las cosas van bien, es el depositario de las ovaciones de una cadena en la que cada uno de sus eslabones hizo las cosas correctamente y eso atrajo éxito." [15]

No se vale que solamente unas personas, dentro de tu Equipo de trabajo sean las que estén laborando y luchando para ganar, y que a otros "les valga" y simplemente estén haciendo un trabajo mediocre.

Dentro de tu Organización, dentro de tu Departamento, tu gente necesita entender cuál es la Meta para que todos puedan hacer su mejor aportación y todos JUNTOS, como equipo, ganen y lleguen al resultado.

También es muy importante que todas las personas que forman parte de tu Departamento o proceso, aprecien el trabajo y el Talento de cada uno.

En un Equipo de trabajo no se vale que haya un trabajo más importante que otro. Todos los trabajos, o todas las tareas, o todas las actividades que se realizan dentro de tu Departamento SON IMPORTANTES.

---

[15] **DURÁN MENA**, Cecilia. "El enemigo silencioso del Equipo de trabajo". Forbes México, 23 de Agosto 2016. http://www.forbes.com.mx/el-enemigo-silencioso-del-equipo-de-trabajo

Por favor, no demeritemos el trabajo de gente muy operativa que no tuvo la oportunidad de estudiar, y que por eso es señalada por otros. Definitivamente ellos están haciendo una actividad muy importante que va a impactar en el resultado, y aquí debemos de empezar a tener una cultura de respeto, de agradecimiento, de reconocimiento hacia todos los integrantes del equipo, que independientemente de su función o de su formación, realmente son Jugadores Importantes del Equipo.

Esto es muy lógico: si ellos se sienten valorados, pues van a hacer el trabajo mejor y con más gusto.

Otro aspecto fundamental es que todos los miembros del Equipo deben DESEAR CUMPLIR LA META. Hoy, las Organizaciones necesitan cumplir las Metas al cien por ciento.

Y si lo digo así, es que es así, ¡AL CIEN POR CIENTO!

Yo no sé por qué en México hay la mala costumbre de que los colaboradores verbalizan la idea de que

-"¡Sí, Jefe: sí logré la meta! ... ¡Lo logré en un ochenta y cinco por ciento!"

Si escuchamos atentamente esas palabras, ¡NO LA LOGRÓ! Se quedó en el 85%. ¡Hay un 15% de cosas que no logró!

Y aquí, como Líder, Tú tienes que ayudar a que tu gente entienda que las metas se cumplen... ¡al cien por ciento!

Y también es básico que si alguno no le queda claro cuál es la Meta, o cómo la actividad que hace impacta en la Meta de tu Departamento o de tu Organización, dediquen el tiempo que sea necesario para que todas las personas tengan absolutamente claro cuáles son sus metas, cuáles son sus líneas de desempeño, y para que entiendan que finalmente, TODOS están ahí para lograr esa Meta.

> *"El mejor líder es aquel que la gente apenas conoce, aquel que habla poco y aquel que, una vez finalizado el trabajo y cumplido el objetivo, consigue que la gente diga: esto lo hemos hecho (todos) nosotros".* [16]

---

[16] **Lao Tzu**, citado por Carlos Sánchez Runde (IESSE Business School), Luciara Nardon (Sproot School Business, Carleton University) y Richard Steers (Lunquist College of Business, University of Oregon) en "Liderazgo Global y Local. En busca del Equilibrio". Revista de antiguos alumnos IESSE, No. 125, Abril-Junio 2012.

Otro aspecto: **que nunca nos expresemos mal de la Compañía**. Es muy desagradable que de repente, entre colaboradores, conforme vas bajando de niveles, tiendan a expresarse mal: de las condiciones, de las instalaciones, del trato que reciben, expresiones todas ellas QUE NO SOLUCIONAN NADA.

Si los colaboradores de tu Organización (¡o Tú mismo!) tienen algún problema con la Compañía, entre compañeros no se va a solucionar; simplemente se va a convertir en "chisme", y la gente que así se exprese va a ser gente "quejosa" dentro de la Organización que va a *contaminar* al Equipo.

Aquí más bien yo te recomiendo que fomentemos una cultura dentro de tu Organización de que cuando algún compañero se está quejando o tú llegas a escuchar a alguien que está expresándose mal de la Compañía, directamente le digas:

-Oye, si tienes algún problema, platícalo con el Líder, comunícaselo al Jefe, velo con Recursos Humanos... ¡a nosotros no nos contamines!

Respecto a esto, en México, de repente dicen

-"¡Uuuuy..! ¡¡¿cómo voy a hacer ésooo...?!!"

La realidad es que es una actitud que debemos adoptar porque es una mala cultura organizacional que tenemos, ¡Y LA TENEMOS QUÉ CAMBIAR! ...para que las cosas sean lo más claras posibles.

No digo que no haya áreas de Oportunidad o situaciones que tu empleador o la Compañía puedan mejorar, ¡sin duda!, pero las cosas tienen que decírselas a las personas que puedan hacer algo. Digo... así, sin ser "gacha": si nada más lo ves entre los colaboradores de tu nivel, la "neta" es que NO lo van a poder solucionar, y lo único que están haciendo... ¡es perder el tiempo!

Otro aspecto importante también, para ser un buen colaborador, es que SIEMPRE te asegures de ser una **persona que aporte, que presente soluciones.** Nunca seas una persona que trae problemas, o hace más grandes los problemas.

Los problemas son una condición natural de las Organizaciones, y cuando surgen, inmediatamente tiene que haber urgencia en TODAS las personas de la Organización (no nada más en el Líder, sino también en ti como colaborador) de ver cómo se soluciona.

Es muy lamentable cuando por ejemplo, nosotros llegamos a hacer la re-ingeniería de algún proceso, y escuchamos a un colaborador que ha vivido tres, cinco, diez años con el mismo problema y nadie le había hecho caso.

Aquí el punto es que construyamos una cultura DIFERENTE, donde vivamos la Mejora Continua para eliminar cualquier tipo de problema que esté dañando a tu Departamento o a tu Empresa.

Un aspecto más: si tú quieres ser un Buen colaborador, **debes ser una persona muy congruente**.

¿A qué me refiero? A que todo lo que piensas y dices debe de ser congruente con lo que tú estás haciendo en tu día a día.

Muchas veces entre los equipos de trabajo la gente no pregunta, quedan dudas, y como resultado andan entre colaboradores por ahí, preguntándose *"Oye, ¿tú crees que lo que dijo Chuy serás esto...?"* O *"¡Yo entendí aquello!..."* La realidad es que entre ellos tampoco lo van a solucionar.

Yo aquí te recomiendo una máxima de Ignius, que la aprendí hace algunos años y que me encanta, y es que Tú, "ANTE CUALQUIER DUDA, ACUDE CON LA FUENTE".

> *"La fuente" es aquella persona que dio la instrucción, que te dijo lo que tenías que hacer o que te pidió tal cosa.*

Si no vas con la fuente, lo único que estás haciendo a nivel de compañeros es simplemente *asumir*, *perder el tiempo*, y al final, *vas a quedar mal*. Entonces, mejor, ahórrate todo ese tiempo y malos entendidos, ve con la fuente, resuelve las cosas y DA RESULTADOS más rápido.

Y para finalizar este apartado, recapacita: es importantísimo que como colaboradores **tengamos un hambre y un deseo de continuamente estarnos**

preparando. Deseo de ser Los Mejores en nuestro ramo, sr Expertos en el área de lo que estamos haciendo.

Si tu Organización o Empresa no te está dando la Capacitación que requieres, Tú puedes tomar la iniciativa: hay muchísima información en libros como éste o en Internet.

¡Tú puedes empezar a prepararte en tu área por ti mismo YA! (De hecho, el haber adquirido este texto indica que ya comenzaste.)

Si tú haces esto constantemente, se va a convertir en un hábito, y cuando este tipo de información ya está integrada dentro de ti, y tú la comienzas a implementar, sin duda vas a ser un Colaborador QUE DESTACA.

No le tengas miedo a dedicar tiempo fuera de tu lugar de trabajo a prepararte, a saber más (de tu tema o de otros temas), pero el punto es que siempre seas una persona que busca con ambición ser EL MEJOR.

Las Empresas son grandes por la gente GRANDE que está dentro de ellas: si tenemos esa mentalidad de crecer en todos los ámbitos, tanto profesional, personal, mental, espiritual, físico, pronto vamos a tener mejores Organizaciones.

Recuerda: lo que queremos es ayudarte a mejorar tu Futuro. La Misión que yo tengo es ayudar a que toda América tenga mejores colaboradores ¡y por supuesto, MEJORES LÍDERES!

4.2 Las Reglas de los Buenos empleados

Esto es algo que tú, como Líder, le debes hacer saber a tus subordinados.

A todo tu Equipo de trabajo, porque si las Reglas están claras, y tú dices qué tipo de colaboradores quieres tener dentro de tu Organización, la gente va a saber cómo comportarse.

Pero cuando hay ausencia de esta información... créeme, la gente no tiene la culpa. ¡La culpa la tienes tú!, porque no les has clarificado exactamente LAS SIETE REGLAS que aquí te voy a compartir para ser unos Buenos Colaboradores.

Recuerda: **toda Organización exitosa** requiere tener **colaboradores exitosos**. Colaboradores que sean buenos, que sean *exitosos* (lo repito), porque si cada vez tiene más gente de este tipo, es lógico que a la Organización le va a ir muy bien, y si a la Organización le va a ir muy bien, A TODOS NOS VA A IR MUY BIEN.

PRIMERA REGLA:

"Si un colaborador gana, todos ganan. Si uno pierde, TODOS PIERDEN"

Tenemos que decirle a todo el Equipo, que todo lo que hagamos, tiene una consecuencia, positiva o negativa. Esperemos que sean muchas positivas. Pero si alguien hace algo que no es correcto, tenemos que hacérselo notar, porque de ahí, todos pierden.

SEGUNDA REGLA:

"En un Equipo, cada colaborador debe apreciar el trabajo de cada jugador"

Es como en cualquier equipo deportivo: siempre celebran y reconocen cuando algún jugador miembro hizo algo importante.

Luego a mí me da tristeza que en la Organizaciones que esto no se da y no se reconoce.

Te invito a que impongan esta regla de que cuando alguien haga algo que es bueno, que es positivo, algo que sobrepasó lo que se esperaba, se reconozca y se celebre como parte y logro de todo el Equipo.

No solo cosas de ti como Líder, sino también involucra al resto de tus colaboradores.

TERCERA REGLA:

"Cada colaborador debe QUERER estar en el juego"

Es decir, le debes dejar claro a tu gente lo que se espera de ellos, el Resultado final que se espera de ellos como Equipo, que tiene que ver con Metas, con Resultados, y decirles que tú necesitas jugadores que estén jugando, que sean proactivos, que tengan actitud... ino necesitas "zombies" o gente que esté dormida, y nada más esté ahí, "ocupando" un puesto de trabajo.

Porque al final, si tenemos muchos colaboradores *"de esos"*... pues son malos colaboradores, y al final van a provocar que no logres los resultados que tú esperas.

CUARTA REGLA:

"Cada jugador debe saber jugar"

Y si no sabe, debe preguntar. Porque muchas veces, por cultura no preguntamos, decimos que "sí sabemos" pero al final vamos a perjudicar al Equipo y todos van a perder. Hazte un favor: genera un ambiente de trabajo en el que la gente, si no sabe, le digan; y si no sabe, pregunte; y si tú observas que ni sabe ni pregunta, pues tú ve y retroaliméntalo porque al final, el resultado de todos se va a ver reflejado en la consecución O NO de esos Objetivos.

QUINTA REGLA:

"Cada colaborador debe traer un solución, NO UN PROBLEMA"

Tú no quieres gente que te esté "colgando los changos" de todos los problemas que hay en una Organización.

¡Tú necesitas gente proactiva que diga: *"Oye, Ana: tenemos este problema, ¡pero SUGIERO resolverlo así, de esta manera!"* Y esto, créemelo que ayuda a que cada vez tengas gente más grande en la Organización y que Tú como Líder, también hagas cosas diferentes.

Tú como Líder, también hagas cosas diferentes

Porque lo lamentable es que muchos líderes se toman todos los problemas del Equipo, de la gente, más su propia chamba ¡y los otros miembros por allá, *bien relajados...!*

No se trata de eso; si todos somos jugadores de un mismo Equipo, todos tenemos responsabilidades y tenemos que ayudar a que nuestra gente también nos proponga cómo solucionar los problemas.

SEXTA REGLA:

"Cuando exista alguna duda, tomen una decisión basada en Datos y apéguense a ella"

Hay muchos Equipos que de repente entran **en shock**, Tú no estás y no saben tomar decisiones.

Pues enséñales a que tomen decisiones basadas en datos, y si de plano no hay datos o no lo pueden solucionar, ¡pues que no esperen! De inmediato que levanten la mano, toquen la campana, te marquen... ¡y solucionen esa situación! ¡Que no dejen que se haga más grande!

Dale el empoderamiento y la facultad para resolver problemas a tu gente. Yo tengo la idea y el paradigma que *"TODA LA GENTE QUIERE Y ES CAPAZ"*. Y si Tú les dices cómo, realmente ellos van a explotar al máximo todo su potencial.

Finalmente, la SÉPTIMA REGLA:

"Convierte a toda tu gente en Expertos en su Campo"

Todos pueden aportar.

Todos pueden mejorar lo que Hoy se está haciendo en los equipos; dales esa oportunidad de que también vengan con ideas, de que Tú también estés abierto, no te vayas a cerrar y digas *"¡Es que así se hacen las cosas!"*...

Hay ciertas cosas que sí se hacen de una manera (por estándar), pero hay muchas otras cosas donde puedes ser muy flexible y puedes impulsar a esos colaboradores que aportan, a que sean EXCELENTES COLABORADORES.

Recuerda:

"Todo colaborador, sin importar su nivel, es un Vendedor de la Empresa"

¡Y cuando hablo de *Vendedor de la Empresa* es que son embajadores de ella! Y necesitan ser Inteligentes, Exitosos... ¡como es un Vendedor! Colaboradores amigables que siempre solucionan problemas.

Ahí te dejo el reto de que compartas estas Reglas con el Equipo para que logres ser un Líder Definitivo.

4.3 Las Reglas de los ¡Malos empleados!

Un problema muy frecuente que tienen los Equipos de trabajo o las Organizaciones es que de repente mucha gente ve algo que está mal, o que no es ético, y NADIE DICE NADA.

Esto produce un gran desperdicio de recursos de cualquier Organización: Tiempo, Dinero, no se llega a los resultados... y genera una serie de problemáticas que "contaminan" el ambiente laboral.

Hay que decirlo claro y directo:

LOS MALOS COLABORADORES NO SON QUERIDOS NI POR LA ORGANIZACIÓN NI POR LOS COMPAÑEROS.

¡Comparte esto a tu Equipo de trabajo! ... para que si por ahí alguno de sus miembros se "anda portando mal", pues como decimos en México, *"le 'tantee'* (mida) *el agua a los camotes"* y se empiece a portar bien,

¡y cambie!

Porque decididamente, si hay colaboradores que están haciendo algo mal, ***van a contaminar a tu Equipo de trabajo***, y si **Tú** no haces nada, **Tú** vas a ser el responsable y el culpable de que en tu Departamento NADA suceda de una manera adecuada.

A los malos colaboradores los debes alejar de tu Área, porque muchas veces ellos van a hacer que tú y los demás fracasen como Equipo.

Nosotros tenemos una frase en nuestros Talleres que dice que cuando tenemos una situación problemática con alguna persona o con algún colaborador, la ***ilumines*** (es decir, la entrenes, la retroalimentes, le digas qué está haciendo mal); pero si ya le diste muchas oportunidades, y aun así la persona sigue incidiendo en esos malos comportamientos, y en querer ser un mal empleado, que está mandando un mensaje negativo al resto de tu Equipo, la verdad, lo que tienes que hacer es ***eliminarlo***.

Y por **eliminarlo** ¡no me refiero a que lo mates!

Nada más me refiero a que quede fuera de tu equipo de trabajo. Porque si tú como Líder no tienes este nivel de madurez, de responsabilidad, de valor para sacar a la gente que no sirve, la verdad el que está actuando mal ERES TÚ, porque el resto de tus subordinados sí se están dando cuenta de esos colaboradores que están haciendo las cosas mal.

ILUMÍNALO, O ELIMÍNALO... es nuestra frase.

¿Cómo identificar a los malos colaboradores?

Bueno, pues muchas veces estos colaboradores **tienen una actitud nada sana**: les dices algo (*y no quieren*), les propones mejoras (*y no escuchan, lo siguen haciendo de la misma manera*)... es decir, son como "síntomas" que te estoy compartiendo para que tú los puedas identificar.

En otras ocasiones son colaboradores que te aseguran que SÍ lo van a tener, ¡y quedan mal! Y al final, el que quedó mal fuiste Tú, porque tú le diste la confianza y a esta persona *"le valió gorro"* el compromiso que hizo contigo.

El mal colaborador también es gente que no se hace responsable de su trabajo: cometen errores, y cuando les llamas la atención, parece que hubieran hecho cualquier "gracia", y "les vale", y no toman una acción con responsabilidad, y ni siquiera se molestan en ofrecer una disculpa. Estos son MALOS COLABORADORES y no deben estar dentro de tu Equipo.

También **es gente que resta y divide al equipo de trabajo**... porque empiezan a contaminar.

Probablemente era u buen colaborador, y alguna situación personal sucedida fuera lo afectó, pero él no pudo separar las situaciones de afuera de las del trabajo y empezó a contaminarlo.

Te comparto todo esto porque yo, sabiendo todos estos temas, alguna vez nos pasó con una colaboradora y fue algo muy desgastante, muy dañino. Se perdió incluso dinero. Y ahora que esta persona ya no está porque tuvo que salir (¡obvio!) se nota un ambiente bien diferente en la Organización.

Y el responsable de cuidar el ambiente, de cuidar el clima laboral, y de tener buenos colaboradores, no es el Área de Recursos Humanos, es chamba TUYA, LÍDER, porque Tú eres el que estás más en contacto directo con la gente.

Entonces, RECUERDA: si hay algún colaborador que muestre estos síntomas, *lo iluminas*. Y si no se pone las pilas, y si no hace algo... LO ELIMINAS. Y eliminarlo es: lo cambias de Equipo, o lo sacas de Tu Empresa. ¡Sí se puede hacer! Tú puedes ir reuniendo datos que demuestren sin lugar a dudas que esta persona es un mal colaborador que está dañando a todo tu Equipo de trabajo.

¡ES TU RESPONSABILIDAD COMO LÍDER DEFINITIVO!

¿Qué aprendiste?

Anota las ideas más importantes que aprendiste en este capítuo y aquellas acciones que deberás de llevar a cabo para mejorar y convertirte en un **LIDER DEFINITIVO**.

_____

_____

_____

_____

_____

_____

_____

_____

CAPÍTULO V

TRABAJO EN EQUIPO

"Los líderes no nacen, se hacen. Y se hacen de la misma manera que todo lo demás: a través del trabajo duro".

Vince Lombardi

5.1 Claves para desarrollar el Trabajo en Equipo

¿Deseas desarrollar un trabajo en Equipo que sorprenda y llegue a los Resultados?

Pues lo primero que tengo para compartirte es: Deja de enfocarte en el *Yo* y

¡CREA EL "**NOSOTROS**"!

Hoy pasamos muchísimo tiempo ocupados en el horario laboral, y tus compañeros, tus subordinados, son como una Familia. Por lo tanto, no se vale que nada más TÚ seas algo así como el foco de atención y "lo más importante".

Podrás decirme:

-*"oye, Ana, pues eso está muy padre... pero **¿qué hacer exactamente?"***

Lo primero es que tienes que ser un Líder ocupado en CONSTRUIR CONFIANZA. En la medida que tenemos una mayor confianza con nuestra gente cercana o subordinados, en esa medida también se dan los resultados.

Cuando hay una Comunicación abierta, y tú eres un Líder que escucha.

"Desarrollar excelentes habilidades de comunicación es esencial para el liderazgo efectivo. El líder tiene que ser capaz de compartir conocimientos e ideas para trasmitir un sentido de urgencia y entusiasmo a otros. Si no puede hacer comprender un mensaje claramente y motivar a otros a actuar, entonces no tiene sentido tener un mensaje."

(Gilbert Amelio, Presidente de la National Semiconductor Corp.)

Esos son los elementos clave para que ellos sientan confianza, se expresen y se manifiesten. Esto ayuda mucho a crear una coordinación muy sana y muy honesta entre tus subordinados y Tú, como Líder.

También es muy importante **educar a la gente en la Confianza**.

Mucha gente trae historias, o ciertos momentos traumáticos de su vida que le enseñaron a no confiar. Aquí el punto es recordar que siempre estamos trabajando con Personas, y siempre hay personas buenas. La gran mayoría es buena, y podemos confiar en ellas.

Si Tú eres un Líder que no confía, pues tienes que empezar a trabajar y a descubrir *¿por qué no confías en la gente?* Porque la Confianza es como el pegamento que une a cualquier Equipo de trabajo.

Y también, como Líder, tienes que *observar a tu gente*, y si descubres gente que no confía en sus colaboradores, o en ti como líder, tienes que dedicar unos momentos para hablar con esa persona y preguntarle por qué no confía, qué es lo que está pasando por su mente o qué sucedió que Tú no sabes.

Esto es crucial: la Confianza está totalmente relacionada con el costo de una Organización.

Está demostrado que *los Equipos que tienen una Alta confianza tienen un Bajo costo* porque las cosas suceden, y como hay una Comunicación, realmente no se exceden de los tiempos, o de los puestos, y tienen el interés real de que las cosas sucedan.

Pero aquí viene lo malo: **cuando hay una Baja confianza entre los miembros del Equipo de trabajo, el Costo sube**.

Porque no se sienten inclinados a expresar que tienen un problema, quieren resolverlo ellos solos, y esta actitud tiene un muy Alto Costo para la Organización.

¡Trabaja mucho en construir Confianza!

Otro de los puntos que ayudan a desarrollar un mejor Trabajo en equipo es establecer Objetivos comunes. Si hoy tu Equipo ya conoce las Metas y los Objetivos que se esperan alcanzar, ¡felicidades!

Pero si tu equipo no lo sabe, o Tú tampoco como Líder, debes ir con quien te dé la información, porque el verdadero trabajo en equipo se da cuando TODOS trabajan para lograr los Objetivos comunes.

Otro punto: debes estar ocupado en el día a día en **crear un sentido de pertenencia**.

Es decir, si existe una Misión, una Visión y unos Valores dentro de la Empresa, los tienes que hacer parte del espíritu del Equipo. Si no existen en la Empresa, pues levanta la mano, habla con quien tengas que hablar, porque los propósitos estratégicos contenidos en la Misión, la Visión y los Valores crean un sentido de identidad y de pertenencia e impulsa a que la gente los quiera hacer realidad.

Si estos propósitos estratégicos están ausentes, solo vas a tener gente que esté *intercambiando su trabajo por un salario* y a la menor oportunidad se van a ir y te van a dejar.

Por otro lado, también debes empezar a desarrollar el sentido de Responsabilidad de tu gente, y cuando se pueda, **involúcralos en la Toma de decisiones**.

No tomes Tú solo todas las decisiones. Tú y tus colaboradores son parte de un Equipo, y si tienes más gente pensando, haciendo una *Mente maestra* pues van a poder tomar mejores decisiones en conjunto, que les ayuden a cuidar el Costo y a dar los Resultados.

Otro punto es: **trabaja mucho en el entendimiento a pesar de las Diferencias**.

Cuando hay un problema (porque somos seres humanos, ¡y es lógico!) tienes que dedicar un tiempo y hacer un alto para que cualquier conflicto que surja en el Equipo de trabajo se aclare, se trabaje, y vuelva otra vez la Armonía.

Porque si no le dedicas el tiempo necesario, o no le das la importancia debida, será como un cáncer que va a ir contaminando a tu Equipo de trabajo.

Otro aspecto a trabajar también es ***motivar el compromiso de la gente*** a través de impulsar la Comunicación y la Retroalimentación... ¡que ellos se sientan Miembros activos de tu Equipo!

¡Tienes que ser un Líder inteligente, que aprovecha la diversidad!

Ser un Líder que no nada más tiene su "Club de Tobi", que son los únicos miembros con los que habla, sino que extiende la Comunicación hacia TODOS tus colaboradores porque ahí tienes muchísima capacidad y muchísimo talento que te puede ayudar a lograr un Mejor Trabajo en Equipo.

Y finalmente, somos seres humanos **¡y tenemos que celebrar!**

Tenemos que celebrar lo que estemos haciendo bien, y lo que no estemos haciendo mal lo tenemos que reconocer e impulsar acciones para que revirtamos lo negativo y lo eliminemos, y así cada vez tengamos cosas más positivas dentro del equipo.

Si Tú como Líder te enfocas a resaltar lo positivo (¡y también lo negativo!) para que tu gente aprenda, cada vez vas a tener gente más interesada en la Mejora Continua, porque esto es como darles una retroalimentación diaria o semanal, que va a ayudar a que ellos tengan Mayor confianza y por lo tanto, se dé un Mejor Trabajo en equipo.

5.2 ¡Lluvia de ideas!

Ahora voy a darte una herramienta que es muy conocida, pero que luego por ser tan sencilla se va dejando de lado hasta quedar en el olvido.

Es la clásica LLUVIA DE IDEAS.

Tú, como Líder, SIEMPRE tienes la responsabilidad de tomar *Las Mejores Decisiones* posibles. Pero en nuestros días, estamos inmersos en ambientes que **tienen que ser Colaborativos**. Y si tú tomas decisiones únicamente desde tu punto de vista o perspectiva, te puedes quedar corto.

Y es aquí donde la Lluvia de Ideas se vuelve muy poderosa, porque cuando involucras a tu gente en algún proyecto y a través de Lluvia de ideas diseñamos las Acciones, te vas a dar cuenta de lo capaz que es tu gente y de que puede surgir algo muy poderoso para obtener los Resultados o solucionar el problema que tengas.

La Lluvia de Ideas se conoce como una herramienta básica de todo Líder, porque permite de una manera amigable, sin el "formalismo" de toda una Capacitación, escuchar el punto de vista de cada uno de tus colaboradores.

A mí me gusta mucho utilizar la Lluvia de Ideas cuando tengo alguna Meta, algún Reto importante, algún Problema. Entonces, en estas tres circunstancias, sin problema, Tú vas a poder utilizar esta herramienta.

Yo te recomiendo que hagas una reunión formal, de una hora, invites a todos tus colaboradores, lleves postits, (¡yo amo los postits!) para que se vea mucho color. Lleva plumones; si puedes   llevar alguna *"agüita"*, algún *"dulcecito"* para tu gente se sienta relajada, te lo van a agradecer.

Y una vez que la gente ya llega, lo que tienes que hacer, de manera muy objetiva, es Exponer la situación. Es decir, la meta, el problema o el reto.

Sensibilizarlos a todos para que todos vean el mismo Objetivo, y una vez que esto está listo, asigna un Facilitador que sea quien lleve el tiempo y vaya manejando la Técnica.

No es necesario que seas Tú. Puede ser cualquier miembro de tu Equipo para (también) incentivar el Liderazgo en otras áreas.

Una vez que ya seleccionaron a la persona, lo que van a hacer es, cada quien, empezar a escribir todas las ideas que se les ocurran para solucionar o aportar a esa meta. Algo bien bien importante es que, antes de que empiecen a escribir, les hagas saber algunas políticas necesarias para que ellos se sientan en confianza.

Estas son:

- **No hacer juicios sino hasta el Final de la reunión.**

Porque luego se empiezan a burlar, empiezan a decir

-*"¡Ay! ... ¿Tú crees? ... ¡Eso no va a funcionar! ... ¡Eso ya lo propusieron y no funcionó! ... "*

Entonces hay que establecer un ambiente honesto donde la gente fluya y pueda empezar a escribir en los postits lo que tiene en su mente. Hay que decirles a tus colaboradores y a los miembros de la reunión que

- **Entre más ideas, es mejor**

A mí siempre me gusta poner el reto de *"Chicos, requiero* **QUINCE** *o* **DIEZ IDEAS** *de cada uno"*. ¿Por qué quince o diez? Porque es el número que luego, en algunos, se puede repetir; y si lo limitamos a cinco, o a las que cada quien quiera, se van a estancar en las mismas y no vamos a incentivar la creatividad del equipo. También hay que comentarles que

- **Entre más abiertas y más creativas, MEJOR**

Entre más innovadoras sean sus soluciones es mejor.

¡Que no se limiten!

A mí me gusta mucho decirles que en ese momento no piensen si hay dinero o no para realizarlas. ¡Ese será otro tema! Pero en ese momento, hay que dejar un espacio así como "libre" para que TODAS las ideas puedan fluir.

Una vez que ya todos escribieron, lo que va a hacer el facilitador, por turnos, es ir asignando a una persona para que lea todas sus ideas. Las que estén repetidas, las van a ir eliminando los miembros del equipo y cuando sea su turno, solamente van a leer las que quedaron y que no hayan eliminado por repetidas.

Es necesario asegurar

- **Que TODOS participen**

Hay gente que luego es muy tímida. Hay que empezar con ellos primero para que sientan la importancia, para que sientan que les estamos dando su lugar y así, poco a poco, TODOS vayan participando.

Al final, cuando se pegaron todos los postits con las ideas de cada quien,

- **Se organizan las idas en orden lógico**

Para ver cuáles son las más viables, las que van a tener un impacto mayor, y de ahí lo que viene es simplemente

- **Asignar una persona que sea el documentador**

O secretario, que escriba o digitalice ya todas las acciones que se determinaron importantes o válidas, y de ahí, una vez que quedan las acciones, no se permitan salir sin antes

- **Asignar responsables y fechas a cada acción**

O lo que llamamos un ***"death line"***, para que cada acción suceda, y UN responsable. Por favor, solo pongan **un responsable**, no pongan "un grupo de personas responsables". Porque acá en México decimos que "Responsabilidad de todos, compromiso de NADIE"...

¡Solamente UNA persona!

No olvides que la LLUVIA DE IDEAS es una Técnica que puedes llegar a dominar, y que te ayudará muchísimo para lograr que tu gente cada vez aporte más al logro de Metas, o a la resolución de Problemas.

5.3 Comunicación para el Liderazgo

Respecto a la Comunicación, el problema real que enfrentan muchas organizaciones en el día a día es que *siempre hay problemas con la Comunicación interna*.

Esto sucede a lo largo de las semanas, los meses, el año... ¡y la organización sigue teniendo problemas de Comunicación!

La Comunicación es uno de los temas más importantes que tenemos que atender porque cuando no es atendida y es mala, ocasiona frustración, desmotivación, que la gente se vaya, que no se llegue a los Objetivos. ¡Es un tema que se tiene que atender!

> *"La comunicación se erige como un ente unificador de elementos en torno a cualquier proceso humano y naturalmente, en todas las actividades organizacionales: "la comunicación es el entramado –el sistema nervioso- que mantiene unidos a los distintos elementos componentes de la organización. Sin comunicación, las organizaciones no pueden sobrevivir, se desintegran".* [17]

Algo que es muy interesante con la Comunicación es que, realmente, ES SENCILLA.

Y un Líder tiene que estar súper preocupado (y ocupado) en que siempre la Comunicación sea muy transparente, que fluya, que respecto a ella siempre haya

[17] **ELÍAS** JOAN, **MASCARAY** JOSÉ. "Más allá de la Comunicación interna: la Intracomunicación". Ediciones Gestión 2000, Grupo Planeta. España, 1998.

líneas muy bien establecidas dentro del Equipo de trabajo para que la gente no se queje de problemas al comunicarse.

Algo bien importante: **la Comunicación entre las personas es básica para lograr las Metas**.

Cuando hay una muy buena comunicación y hay un nivel óptimo de madurez en los equipos de trabajo LAS METAS SUCEDEN. El punto, cuando no están sucediendo, es que tenemos que observar y tenemos que dedicar tiempo para desatorar lo que esté ocasionando estos problemas, porque finalmente el objetivo de todo líder es LOGRAR LAS METAS.

La buena Comunicación entre los compañeros es **una de las tareas más importantes del Líder**. En esta, Tú, como Líder, tienes que tener una ocupación importante, porque si se atiende de raíz, va a quedar resuelta y la gente va a poder enfocarse.

Pero si no le dedicamos el tiempo y la atención requeridos, el problema va a seguir, y lo lamentable es que se mantiene por años dentro de la Organización.

LA MEJOR COMUNICACIÓN ES LA QUE SE DA EN TIEMPO REAL.

Muchas veces hay una situación problemática, no la atendemos, y viene después la Comunicación del problema... ¡pero ya pasaron mínimo algunas horas! No se dio de inmediato. Y esto va a causar más problemas al momento de querer resolver el asunto o la situación difícil que querías atender.

Primera recomendación: como Líder, asegúrate de siempre atender la Comunicación **en el momento**, en el tiempo real.

Otra cosa importante es que te asegures como Líder (y garantices) que todo lo que Tú hables y le dirijas a tu Equipo a través de comunicación escrita, como puede ser un correo, o en una junta, o en algo rápido, sea FÁCIL DE COMPRENDER para todos.

En México y Latinoamérica tenemos un grave problema: la gente no lee, y cuando lee hay muy poca comprensión. Aquí, es labor de Líder, de Gerentes, de Directores, de *bajarnos de nivel* y hablar con palabras normales; como yo digo, "como si estuviéramos hablando con niños de doce años", para evitar cualquier malinterpretación que pudiera existir con la comunicación.

Algo importante, ligado a este punto, es te asegures que seas un Líder **que siempre hable con una comunicación clara y sin rodeos**.

O sea, aquí tenemos todo el "rollo", toda la información superflua que ponemos para decir algo muy puntual. Tu reto, y yo te recomiendo mucho que lo practiques, es que, previo a alguna junta o a alguna reunión, pongas la información *por escrito*, para que sea muy puntual, y ya cuando lo comuniques salga el mensaje muy claro y directo.

Otro punto también es que los problemas de comunicación muchas veces se hacen graves porque no hablamos con datos o con información verídica.

Tú, como Líder, tienes que GARANTIZAR SIEMPRE que lo que salga de tu boca esté basado 100% en datos. Evita las "percepciones" y los *"me dijeron"*. Simplemente, ve y busca la información y habla con Datos.

Si no tienes datos, establece una cultura dentro de la Organización para que tu gente vaya por esos datos y hablen siempre con información Verdadera y Verídica.

Ahora, aquí tienes cuatro preguntas detonadoras que te van a ayudar a resolver algunos Básicos de la Comunicación:

> ## ➢ ¿Cada persona de tu Equipo de trabajo está certificada en su puesto para hacerlo con un 100% de Calidad?

Muchos de los problemas de comunicación surgen porque la persona no está realmente entrenada y certificada en el puesto que desempeña.

Si te das cuenta que tienes gente que hoy no está 100% certificada en su puesto, y está produciendo o haciendo su trabajo cometiendo errores, tienes que hacer un Alto y, como Líder, volver a entrenar, retroalimentar y asegurarte de que a esa persona le quede claro para qué está en ese lugar de trabajo.

➤ ¿Todos los empleados están informados de las Metas y conocen su estado?

Cuando hay ausencia de Metas, hay graves problemas de comunicación porque la gente no sabe en qué enfocarse o en dónde poner su mayor calidad en el trabajo. Cuando hay Metas, la gente puede comunicarse de una mejor manera. Si Hoy no tienes Metas, el reto es ponerlas para que tu gente pueda estar muy enfocada en la realidad.

➤ ¿La Organización mantiene líneas conocidas y prácticas de comunicación con los empleados?

Es decir, cuando surge un problema, ¿saben ante quién se tienen que dirigir? O cuando hay alguna situación difícil con el Cliente ¿saben cuál es la línea de comunicación que tienen que tomar?

Muchas veces hay problemas en la comunicación porque no están bien definidas esas líneas de comunicación. Si no las tienes, ¡ya sabes!: hay que poner en marcha ese proceso de Comunicación y compartirlo con tu gente para que lo sigan.

Y finalmente, la última pregunta que te tienes que hacer:

➢ ¿Los problemas son comunicados Y RESUELTOS de inmediato?

¿O tienes muchos problemas dentro de tu área de trabajo que están sin resolver? Aquí e punto es, que si alguna vez alguien comunicó un problema hagan el hábito y la cultura de RESOLVERLOS DE INMEDIATO.

La cultura automotriz me gusta mucho porque ante un problema, la gente tiene el facultamiento o el empoderamiento para "parar línea" y entre los involucrados resolver el problema. Esta es una cultura que en otros sectores NO EXISTE.

Te pido que empieces a promover una cultura dentro de tu Organización para que siempre los problemas que sean comunicados se resuelvan de inmediato, y así cada vez tu

Organización tenga un mayor enfoque en el logro de las Metas para que lleguen a los Mejores Resultados.

5.4 Actitudes del Trabajo en Equipo

Se trata de Actitudes del trabajo en equipo *efectivo* Vs. actitudes y comportamientos negativos *que provocan que no se dé el trabajo en equipo.*

Yo sé que TODOS SOMOS BIEN "INTELIGENTES", pero cuando lo podemos contrastar, ¿realmente podemos identificar qué tengo que cambiar para mejorar el trabajo en conjunto?

Esto no es nada más del Líder al Subordinado: si Tú no eres el Jefe y estás leyendo este libro, pues también "checa" qué puede servirte de aquí para mejorar el trabajo en equipo.

Porque muchas veces, como subordinados de un Área o de un Departamento, creemos que quien debe hacer y mejorar el trabajo en equipo SOLAMENTE es el Líder, ¡y no es cierto! Todos son parte del Equipo, y tanto el Líder como los Subordinados pueden hacer algo diferente para mejorar, y para que cada vez realicen un mejor trabajo JUNTOS.

Te voy a dar algunos elementos para que Tú evalúes si hoy estás trabajando en equipo.

Cuando hay alguna situación, y se toman decisiones grupales, y se toma la Mejor decisión para el Mayor Bien común, ¡estamos trabajando en equipo!

También, cuando se sostienen reuniones productivas. Es decir, cuando los equipos de trabajo realmente tienen Juntas ágiles, y no se pasan tres-cuatro horas viendo el mismo problema; cuando realmente se enfocan de manera productiva a resolver lo que tengan que hacer, nombran responsables, y todos se quedan tranquilos porque va a suceder... ¡estamos trabajando en equipo!

Otro elemento que también nos dice que una Empresa o un Departamento están trabajando en equipo es cuando el Líder y los compañeros están fomentando la Creatividad y la Innovación.

Es decir, si todo es una rutina, y no hay acciones o actitudes NUEVAS que ayuden al Equipo a mejorar, estás estancado.

¡Y ahí no estamos trabajando en equipo!

Cuando la gente quiere realmente aportar, quiere mejorar y quiere demostrar que puede hacer mejor lo que está haciendo, estamos ante un síntoma muy positivo de que la gente quiere trabajar en equipo.

Y otro elemento es también cuando hay un alto sentido de escucha, del Líder hacia los subordinados, o entre los subordinados, que se escuchan entre sí.

Cuando escuchamos, podemos aprender muchísimo de la gente con la que estamos, pero también podemos orientar muy efectivamente las decisiones o las responsabilidades. Esto fue lo positivo, que nos demuestra cuando hay un buen Trabajo en Equipo.

Ahora voy a abordar todo lo NEGATIVO que se da y que nos muestra cuando no hay un trabajo en equipo.

Cuando Tú como Líder tomas las decisiones unilateralmente y no las consultas con tu Equipo de trabajo y SIMPLEMENTE LAS IMPONES, estás provocando que no se trabaje en equipo.

También, cuando hay Organizaciones o Empresas donde ya están muy compenetrados con las Metas pero nada más les interesan las Metas de su Sector o Departamento, y no les importan las de los compañeros o de los procesos soporte.

Esto es un grave síntoma que se tiene que atender a nivel organizacional, porque no es que la gente sea mala o traiga problemas de actitud. Aquí lo que está pasando es que a los Líderes de cada equipo de trabajo no les ha quedado absolutamente claro que TODOS los departamentos FORMAN LA EMPRESA, y que si un departamento de la Empresa está mal en sus Metas, quien está mal es TODA la Empresa.

Esto es un trabajo continuo, y si identificas este síntoma, que lamentablemente es muy común, contáctanos en *ignius.com.mx* para recomendarte otras herramientas que son muy poderosas.

Otro síntoma que sucede, también **no muy positivo**, es CUANDO NO HAY CONFIANZA, y entre los líderes y subordinados de los equipos no se conocen, y no se comunican de una manera clara.

Simplemente hay como *dobles caras... "no digo lo que pienso"... "mejor luego lo digo en el pasillo"...* y esta situación lo que hace es dañar a la Organización y la va llevando a la destrucción y a la decadencia poco a poco.

Recuerda que en la medida en que estamos trabajando en la confianza, en esa medida también se dan los resultados: si la gente no confía en los miembros del equipo, pues tienes que hacer algo a través de convivencia, de hablar con ellos y de que se vaya ganando o recobrando la confianza, porque el verdadero trabajo en equipo se da cuando las gentes confían unas en otras.

Hay algo que una vez me enseñó un Cliente y que me encantó: cuando alguien viene y te dice

-*"¡Oye, es que fíjate que Chuy me dijo esto y lo otro...!"*

Si tú lo escuchas, entonces ya te involucras en el problema. Esto puede pasar entre líderes, entre líder y subordinado, o entre subordinados.

¿Cuál es el tip aquí? Que cuando alguien venga a darte alguna queja de un compañero Tú le digas:

-¿Sabes qué? No hables conmigo. Habla con él.

Y esto es buenísimo, porque va cortando mucho *y a tiempo* esta parte de chismes, de comportamientos destructivos que **NO LE APORTAN NADA AL TRABAJO**.

Este es un síntoma que se da muchísimo en ambientes corporativos, en Empresas ya muy maduras donde está todo acomodado en una *zona de confort*, todas las cosas se dan maravillosamente y es cuando empiezan los problemas personales.

Si esto está sucediendo en tu Organización, no seas parte de ello, y simplemente di:

-"No hables de él. Habla CON él".

Si esto lo hacemos una cultura Organizacional, cada vez vamos a tener Mejores equipos y Mejores personas.

El Liderazgo es un trabajo continuo. Es algo que tenemos que estar trabajando en el día a día.

¡Gracias por leer este libro! Demuestra que te interesa mejorar. Y el punto es que no te quedes nada más con la lectura:

¡TOMA ACCIÓN, Y OBTÉN MEJORES RESULTADOS!

¿Qué aprendiste?

Anota las ideas más importantes que aprendiste en este capítuo y aquellas acciones que deberás de llevar a cabo para mejorar y convertirte en un **LIDER DEFINITIVO**.

_____

_____

_____

_____

_____

_____

_____

CAPÍTULO VI

JUNTAS EFECTIVAS

"Cuando un directivo dedica más del 25% de su tiempo a reuniones es que se organiza mal.".

- Peter Drucker

6.1 Para tener buenas Juntas de trabajo...

Las Juntas de Trabajo...

Yo, la Verdad, ODIO LAS JUNTAS.

Porque soy una persona altamente productiva y soy muy cuidadosa con mi Agenda, PERO, como puedo asesorar a muchas Organizaciones, ahí es donde observo toda esta *sintomatología de la* **Juntitis**...que es muy dañina, y mucho muy improductiva.[18]

---

[18] *"En la mayoría de las empresas mexicanas se sufre de juntitis... la terminación 'titis' nos remite a una enfermedad, un síndrome o un vicio, y es que se ha podido demostrar que al menos un tercio de estas reuniones afecta directamente la productividad de las empresas, según un reciente estudio que realizó la firma Robert Half International.*

Dicho escrutinio reveló que los empleados pasan entre cuatro y seis horas semanales en juntas, y que hay semanas en que éstas abarcan hasta el 50% del tiempo laboral, de las cuales un 28% no tiene razón de ser. Por su parte, la Asociación Mexicana de Trabajo en Equipo demostró que entre 25% y 50% de dichas convocatorias son improductivas, además de que los gerentes y directivos de las organizaciones emplean el equivalente a 21 semanas en reuniones de trabajo, cifra que representa la mitad de las que realizan durante todo el año."

Quiero dejar en tu mente un dato: las Juntas (¡gracias a Dios!) cada vez son menos comunes en los lugares de trabajo, y ya se realizan virtuales, por teléfono, por videoconferencia... y así son más cortas, ya que en un ambiente tan competitivo como el actual realmente

LA GENTE NO PUEDE PERDER EL TIEMPO; tiene que tomar decisiones cada vez más rápido.

Una: Las Juntas están en proceso de Extinción.

Así que las Juntas que sean importantes HOY, dentro de tu Organización, tienen que cumplir algunas reglas valiosas que te voy a compartir para que sean efectivamente eficientes.

A mí realmente me molesta mucho cuando veo Organizaciones que desperdician su tiempo, su dinero, sus recursos porque estar en una junta ¡4 horas! con la gente más importante de la Organización **que no esté produciendo en todo ese tiempo**.

ESCOBAR, Fausto. "5 píldoras para curar a tu empresa de juntitis". Forbes México, 23 de Agosto de 2016.

¡Es como estar tirando el Dinero a la basura!

Y esto pasa no nada más en los Altos niveles: de repente ya se hace la moda de "*Juntitis*" en toda la Organización y no hay cuento que acabe, y luego no encuentras a la gente "*porque está en una Junta*", y al final los problemas continúan y no se llega los resultados.

Entonces, tenemos que ser muy conscientes primero, de ¿qué está funcionando HOY bien (de lo que estamos haciendo en las Juntas)?

Lo que no esté funcionando, ¡lo tienes qué cambiar de inmediato!, porque las juntas improductivas le cuestan a la Organización y reducen tu Rentabilidad

Lee detenidamente los siguientes puntos.

Yo he observado Juntas a las que asiste gente que NO HACE NADA. Están ahí como observadores, como testigos... ¡pero ni hablan! Entonces, a esa gente, ¡mejor ni la inviten!

O sea, si no hay proactividad de la gente en una junta, en una reunión, no la invites. Nada más invita gente que va a sumar, que va a ser proactiva, como un actor de esa junta.

Otra cosa importante: **no te extiendas demasiado**. A mí me gusta mucho tener un cronómetro, aunque sea de esos de cocina, en los que programas 20 minutos... "*¡y en 20 minutos nos vamos, compadres!*"

O te bajas una aplicación donde en la pantalla proyectas un cronómetro, y le programas el tiempo que va a durar la junta.

Aquí, Tú como Líder tienes que ser como un militar: si dijiste que la junta iba a ser de 20 minutos o de una hora, ¿qué crees? ¡Tiene que durar ese tiempo y tienes que respetarlo!

Si así lo haces durante una semana, te garantizo que se va a volver parte de la manera de trabajar de la Organización porque van a notar que realmente todo lo que habían hecho en el pasado cuando padecían la *Juntitis* era realmente improductivo, y no estaban tomando las decisiones adecuadas.

Algo que también es importante mencionar: cuando llamen a una Junta, realmente visualicen el Objetivo y vean si de verdad es necesaria.

Porque muchas veces, con una llamada telefónica esa junta se puede evitar. Ten un sentido crítico de ver realmente si sí se realiza esa junta, y el impacto que va a tener. Y si no tiene un impacto positivo, pues resuélvanla en corto y ya nada más informen qué es lo que se va a hacer.

No te permitas entrar en esa moda *"porque ya eres un Corporativo y te la pasas en Juntas"*.

Ahora, aquí tienes unos tips para que tengas Juntas eficientes.

Las buenas Juntas siempre empiezan a tiempo
y terminan a tiempo.

Se cita a una hora determinada. TODOS tienen que llegar cinco minutos antes. Se empieza a la hora puntual, se termina cuando acordaste... ¡y cada quien se va a "chambear"!

Todas las juntas buenas tienen un cronómetro, ya sea físico, o proyectado en la pared, en la pantalla, o en tu computadora, ¡pero TODOS están viendo el tiempo!

Porque el tiempo, cuando no lo vemos, se nos pasa "de volada".

Que no sean más de 20 minutos.

Esto realmente te pone el reto de ser muy preciso, de quitar todo el "rollo", de que si no vas a decir algo importante mejor cállate...

Es una cultura que debemos fomentar mucho en nuestra cultura laboral de México y toda Latinoamérica porque no tenemos un enfoque a ser objetivos. Entonces tenemos que trabajar mucho en ello. Si con 20 minutos te me traumas mucho, pues hazlas de una hora.

Siempre ten una Agenda prevista.

Con el Objetivo, puntos a tratar, la minuta, los acuerdos, para que rápidamente tengan todo listo, terminen, y se vayan a trabajar.

Que primero se cumplan los temas de la Agenda.

Si alguien sale con algo así como...

-*"¡ooooye, es que también hay un problema acá!"*...

-*¿Sabes qué? Ahorita no es el momento. Vamos a enfocarnos a lo que acordamos en esta junta.*

De repente acá, en nuestras culturas latinas se va a sentir "medio gacho" de

-*"¡Aaay, qué gacha Ana! ... ¡No quiso que hablara!"*

¡Pues NO!

Porque haz de cuenta que estamos teniendo una buena Junta, y una buena junta requiere enfoque en el tema que estamos tratando.

Que las Juntas sean tratadas por un Directivo, o por la más Alta jerarquía ahí reunida.

Esto es importante para que la junta tenga una fluidez idónea y que también se le dé el nivel de seriedad adecuado.

De las Juntas, tienen que salir con tareas claras, con responsables asignados y con una fecha fatal.

Si no salen de ahí con acciones, con fecha, y con un responsable, ¡NO SIRVIÓ DE NADA LA JUNTA! (y te vas a seguir reuniendo muchas veces... ¡todas inútiles!)

HAGAN LAS JUNTAS DE PIE.

¡Esta me encanta, y no la iba a olvidar! Cuando haces las juntas de pie, créeme que todos van a ser "bien enfocaditos" y "bien precisos" en lo que quieren decir,

PORQUE EL TIEMPO VALE ORO.

¿Qué aprendiste?

Anota las ideas más importantes que aprendiste en este capítuo y aquellas acciones que deberás de llevar a cabo para mejorar y convertirte en un **LIDER DEFINITIVO**.

_____

_____

_____

_____

_____

_____

_____

_____

CAPÍTULO VII

EL LÍDER INTEGRAL

"Si tus acciones crean un legado que inspira a otros a soñar más, aprender más, hacer más y ser algo más, entonces eres un gran líder.".

- Dolly Parton

7.1 El Líder integral

¿Cómo ser un Líder Integral? ¿Cuáles son los diferentes comportamientos que puedes implementar para que puedas mejorar en el día a día de tus Propósitos Estratégicos?

¡Conoce ahora las siguientes PRÁCTICAS DE LIDERAZGO!

Un Líder, lo que tiene que hacer en primer lugar es

MODELAR EL CAMINO.

Si Tú eres el Líder, o dueño de la Organización, Tú tienes que modelar ese Camino, esa Misión, esos Valores para que toda la gente que se vaya integrando a tu Organización colabore para que esa Visión futura *suceda*.

> *"...dirigir es ayudar a los demás a saber cómo se tiene que trabajar para alcanzar los objetivos estratégicos".* [19]

Pero también, SI NO ERES EL LÍDER, y eres responsable de alguna Jefatura, eres un Supervisor o un Gerente, lo que tienes que hacer (y esa es tu obligación) es entender **cuál es ese camino** que la Organización quiere lograr en el futuro.

Y aquí, si la Organización no le ha dado importancia al tema, te invito a que Tú explores el conocer cuál es esa misión, esa visión, ese Futuro que la organización quiere, porque si cada vez más personas, Líderes dentro de la organización lo conocen y lo comparten con la gente que está colaborando con ellos, sin duda la empresa llegará a sus metas en menos tiempo.

Lamentablemente, hay muchas organizaciones que tienen líderes pero son líderes que no tienen ningún rumbo; o sea, no conocen esos planes a futuro, y esto es una gran incongruencia: la Organización quiere Grandes Resultados,

---

[19] **FRANK**, R., y **PORTER**, J., "El liderazgo y la inspiración de la experiencia". Harvard Deusto Business Review, (Julio – Agosto), p. 17. 1997

pero no comunica esos datos, esa información estable que ayude a que esos líderes se inspiren y trabajen para lograr esa Visión.

PONER RETOS CONSTANTES PARA TI Y TUS SUBORDINADOS.

Un Líder no es aquel que se estanca o está en su *zona de confort* o ya dominó alguna actividad. Un Líder es el que se reta a sí mismo por hacer las cosas mejor y también inspira y ayuda constantemente a que su gente tenga un reto diferente.

"...al igual que los desafíos empresariales de hoy en día superan fronteras, también debe superarlas el liderazgo. La creciente complejidad e interdependencia del mundo actual exigen una transformación radical del liderazgo, desde la gestión y protección de fronteras a la superación de las mismas, es decir, la capacidad necesaria para crear dirección, alineación y compromiso

para superar fronteras con el fin de alcanzar una visión o una meta más amplia." [20]

Muchas veces, el reto se asocia con las Metas, y una vez que se cumplen estas, se va "subiendo la vara" para que cada vez haya un desafío diferente o mayor para la gente.

Pero también hay algunos departamentos, personas o metas que siempre tienen que estar al cien por ciento, y es como muy "plana" la situación. Aquí, Tú como Líder tienes que ser muy creativo para ver cómo planteas ese reto a tus subordinados.

Por ejemplo: si un empleado de nivel operativo ya dominó perfectamente su función o su actividad, pues ahora ponle el reto de que lo haga en menos tiempo, o que te proponga alguna mejora, o que enseñe a algún compañero, o que aprenda de otra función de otro compañero.

El reto constante es una labor que todo Buen Líder debe de ponerles a sus subordinados para que ellos vayan creciendo, y tenga gente cada vez más preparada.

---

[20] **YIP** Jefrey, **ERNST** Chris y **CAMPBELL** Michael. "Liderazgo que supera fronteras. Perspectivas fundamentales extraídas del análisis de la alta dirección." *Center for Creative Leadership*. 2012

INSPIRA A LOGRAR UNA VISIÓN COMPARTIDA.

Esa Misión, esa Visión que tiene tu Compañía, es el camino por el que todos deben de ir y trabajar para llegar a ellas a esa "Tierra Prometida", a ese Futuro.

Entonces a ti, como Líder, te debe de emocionar el ayudar a que tu Organización, tu Institución o Empresa *lleguen*.

Porque si no te inspira esa Visión, esos resultados que la empresa espera, realmente estás traicionándote a ti mismo y a la responsabilidad que representas. Yo soy muy clara: tu Organización necesita líderes *que crean* en esa Visión, en esos resultados que se esperan, y que TODOS trabajen constantemente por ellos.

Es cosa de congruencia: si Tú, como Líder, te sientes inspirado por la filosofía organizacional, por esa Visión que la Empresa quiere lograr, es lógico que lo vas a transmitir y la vas a poder compartir con tus colaboradores.

Pero si no hay nada que te inspire, o no lo conoces, pues va a generarse mucha inestabilidad en tu liderazgo y en tus resultados.

ESTIMULA EL COMPROMISO DE TU GENTE.

El compromiso por dar mejores resultados, por implementar mejoras, por cumplir lo que prometen.

Y por supuesto, Tú tienes que PREDICAR CON EL EJEMPLO: todos los compromisos que adquieres los tienes que cumplir, y si te equivocaste, también hay que aceptarlo, y seguir adelante con la vida.

SÉ UN LÍDER QUE EMPODERE A LOS DEMÁS.

No te conviene ser un Líder del pasado, controlador, que todo lo quiere hacer él mismo porque *"es el único que lo hace bien"*. Si piensas de esta manera, vas a ser un freno y un obstáculo para la Organización.

Tú, como Líder, tienes que tener gente más grande que tú; no importa que sepan más, porque cuando tienes gente más preparada que tú, es lógico que Tú también vas a poder promoverte a otro lugar dentro de la Organización, vas a poder promoverte a otra empresa, y vas a ser UNA PERSONA EN CRECIMIENTO CONSTANTE.

Pero si Tú frenas el crecimiento al tener puros "enanos" alrededor tuyo, gente que no sabe hacer las cosas al cien por ciento, que no está empoderada, que no conoce la película completa, pues estás mermando los resultados que como Equipo pueden dar.

Recuerda:

UN EQUIPO GANA POR EL RESULTADO DE TODOS LOS QUE TRABAJAN EN ÉL

Te invito a que reflexiones cada uno de estos cinco puntos, que tomes acción y si hay cosas que no conoces, pues ve a la fuente, ve con las personas que te puedan compartir esa información, y comienza a actuar.

Si de plano, dentro de tu Organización, no le han dado la importancia a diseñar y modelar ese camino futuro que es la Misión, la Visión y los Valores, pidan ayuda de un profesional para que los oriente y les diga cuál es la mejor manera de comunicar y desplegar esta información al resto de los colaboradores.

7.2 El ejemplo arrastra

Uno de los puntos que vimos en la sección anterior tiene que ver con la idea de que lo que hace un Líder es MODELAR EL CAMINO.

Modelar el camino es algo muy importante dentro de una Organización porque INCLUYE LA PARTE DE VALORES.

Como organización, se deben de tener claros esos Valores que se aprecian y se buscan en la gente, porque los valores van a propiciar un ambiente de trabajo como el que la empresa decide. Son como un carril que va a ayudar a que se llegue al logro de la Misión y de la Visión.

Es muy importante que si hoy, dentro de tu Organización, a ti como Líder no te quedan claros los Valores que maneja, pues toma acción y empiecen a identificarlos si no los hay; y si los hay, DENLES UN SIGNIFICADO ORGANIZACIONAL.

Porque en nuestros días, **por moda**, la gente en las empresas comunicó los Valores: puso en la pared un cartel muy bonito con una lista de ocho, diez, quince valores, pero nada más están ahí listados, la gente los mira... ¡y sabe Dios qué significan!

Algo que debe promover un Líder es que para la Organización sean claro cuáles son esos Valores.

Porque si están claros, la gente los va a vivir, y va a demostrar que los aplica. Si no están claros, pues queda ambiguo, y de "*mi* Honestidad" a "*tu* honestidad" pues hay una brecha muy grande por la que al final no se van a dar los comportamientos deseables que la Organización necesita.

Aquí es muy importante que se trabaje con Recursos Humanos y con toda la Empresa en hacer el despliegue de los Valores, porque la forma en que estos se apliquen va a demostrar lo que la Organización ES.

> "...los valores tienen como finalidad el adoptar un código de conducta que cree cohesión interna y sustente la visión y la misión de la organización para que, compartidos, generen confianza y espíritu de comunidad, creando cohesión y unidad. Y puesto que la fuerza de una comunidad depende del compromiso asumido por sus integrantes de vivir de acuerdo a unos valores compartidos, la declaración de valores debe estar dirigida al personal de la empresa; de esta forma, los valores deberán ser vividos por todos y, especialmente, por aquellos que ocupan posiciones de poder en la organización." [21]

Si son valores positivos, pues por supuesto que vas a ser una Organización más competitiva y con mejores

---

[21] **GARTEIZ**, José María. "Fortalecer la cultura empresarial por medio de los Valores". GARASTER CONSULTING, 2012.

resultados. Pero si tus valores son negativos, es algo no deseable que se tiene que cambiar.

Como Líder, ESTABLECE CON EL EJEMPLO esos Valores, esas acciones diarias que a través de ese ejemplo la gente los aprenda, y que tú involucres mes a mes algún Valor de tu Organización para practicarlo, para que la gente lo vea y una vez que esto se esté dando, pues se convierta en parte de tu cultura organizacional.

También te recomiendo que si ya están definidos los Valores organizacionales o de la empresa, BUSCA CUÁLES SON TUS VALORES PERSONALES.

Porque un Líder tiene que tener mucha congruencia, y si tienes claros cuáles son *tus valores personales* y cómo estos se conectan con los valores de la Organización, sin duda vas a ser una persona motivada porque estás en tu ambiente. Estás donde quieres estar.

Porque también he conocido gente que tiene ciertos valores personales que para nada se conectan con los valores organizacionales, y esto abre una brecha muy grande que ocasiona frustración, y expresiones del tipo

-*"no me gusta mi trabajo"*...

-*"aquí no me valoran"*...

etc.

Aquí el punto es que debes de ser muy honesto, y si este es tu caso, mejor cambia de trabajo: busca una Organización

AFÍN A TUS VALORES personales para que puedas brillar y puedas mostrar tu máximo talento.

Otro punto muy importante para ser un Líder Integral y completo es: DISCUTE LOS VALORES ORGANIZACIONALES CON LOS MIEMBROS DE TU EQUIPO.

Por medio de alguna junta rápida, de veinte minutos, una vez al mes, donde les comentes un Valor, vean el significado y que todos visualicen cómo es que ese valor se puede manifestar en el día a día.

Por ejemplo, en nuestra empresa los Valores están desplegados en cuadros muy padres que siempre están presentes para la gente, y yo te puedo decir que hoy, quienes están con nosotros realmente viven esos valores y es muy palpable en ellos.

Y esto es porque lo viven, lo ven en nosotros, lo ven en las paredes como recordatorio, y también nosotros como líderes estamos muy atentos para que si hay alguna persona que se está saliendo de algún Valor, pues hablamos con esa o esas personas para que se alineen.

Porque los valores son los elementos que van a contener a tu Organización, y van a ayudar a lograr esa Visión que tú como empresa deseas.

Y si de repente, en este trabajo que hagas ves que hay valores que realmente ni les están haciendo caso, que no les están dando ninguna importancia, y que para lo Organización sí sean importantes, pues aquí si tomen acción ya con equipos interdisciplinarios donde involucren a Recursos Humanos para que pongan acciones específicas que les ayuden a transmitir mejor ese valor, para que la gente lo entienda, lo viva, y que se vuelva parte de tu cultura organizacional.

Pon manos a la obra.

No dejes de lado este tema de los Valores, porque son los comportamientos que dictan el tipo de personas que "viven" dentro de tu Organización.

7.3 Interés genuino

Un Líder tiene que inspirar a sus subordinados y a sus compañeros de trabajo a lograr una Visión compartida.

Finalmente, las Organizaciones están alineadas a un Propósito mayor que lo que pueden ser la Metas de tu departamento.

INTERÉSATE EN CONOCER EL CAMINO FUTURO DE LA EMPRESA.

Este camino futuro es la Misión y la Visión. Es súper importante que esto se conozca, que a ti como Líder te quede claro y que también se transmita a los colaboradores que están más abajo en el organigrama, porque si los colaboradores saben lo que la empresa quiere lograr, hay una conexión muy padre que no nada más es trabajo, sino que realmente las personas adquieren ese reto, esa visión de ayudar a que la Organización cumpla su Objetivo.

"Lo que una compañía trata de hacer en la actualidad por sus clientes a menudo se califica como la Misión de la compañía. Una exposición de la misma a menudo es útil para ponderar el negocio en el cual se encuentra la compañía y las

necesidades de los clientes a quienes trata de servir." [22]

Muy importante: si Hoy no está desplegada esta información, busca los mecanismos y la manera de hacerlo, involucrando a la Dirección y a Recursos Humanos para que ayuden a que toda esta información sea difundida.

Una vez que se conoce, yo siempre recomiendo que con tu equipo más cercano de trabajo IMAGINEN el futuro.

Es decir: ya sabemos a dónde queremos llegar, pero ahora viene el punto de ver QUÉ NOS ESTÁ FALTANDO para llegar a ese futuro. Y aquí es donde podemos encontrar las actividades, los nuevos procesos que nos van a desafiar y nos van a permitir de manera emocionante trabajar para llegar a ese Futuro que la Organización anhela.

También es muy importante que Tú les compartas a tus subordinados CUÁL ES TU VISIÓN dentro de la Compañía, qué quieres lograr con ellos y con el Equipo, cómo todos juntos van a aportar o sumar para que esa Visión se concrete.

Porque si ellos te ven entusiasmado, y ven que realmente entiendes los propósitos que la Organización

[22] Del libro: «Administración Estratégica Conceptos y Casos», 11va. Edición, de Thompson Arthur y Strickland A. J. III, Mc Graw Hill, 2001, Pág. 4.

quiere de ti y de ellos, la gente es noble, y cuando tiene esa dirección de un Líder van a trabajar para que suceda.

Te voy a recomendar tres actividades para reforzar lo que acabamos de ver.

- **IDENTIFICA CUÁL ES LA VISIÓN.** Si no se conoce, no la tienes que inventar tú. Tienes que ir con la fuente más cercana que la puede tener; estos son los fundadores, los dueños o la Dirección que esté a la cabeza de tu Organización; ellos son los únicos que conocen cuál es la Visión. Aquí aplica lo que yo digo: ***"SI NO SABES, NO INVENTES"***, porque la Visión es algo que sale de los líderes de la Organización.

> *"...en el mundo empresarial, la Visión se define como el camino al cual se dirige la empresa a largo plazo y sirve de rumbo y aliciente para orientar las decisiones estratégicas de crecimiento junto a las de competitividad."* [23]

- **PROMUEVE UN DIÁLOGO.** Un diálogo acerca de cuáles son esos sueños, esas

---

[23] Del libro: Negocios Exitosos, de Fleitman Jack, McGraw Hill, 2000, Pág. 283.

esperanzas, esas aspiraciones que la Organización quiere para lograr que sus colaboradores *se sientan parte*. Y esto, una vez que la Visión está definida, se hace a un Primer nivel con los líderes más importantes para que todos ellos se conecten y comulguen, y realmente se entusiasmen por lograrla.

Y cuando el Equipo está conectado y trabaja en una misma sintonía, hay que

* **COMUNICAR ESA VISIÓN A CADA PERSONA DE LA ORGANIZACIÓN.** Ya hemos hablado de la importancia de la Comunicación al interior de las Organizaciones. En esto, Recursos Humanos debe tener un rol protagónico para ayudar a que esto se haga de manera organizada y con los mismos mecanismos para todos, para que se vea que esto ES MUY EN SERIO.

Te recomiendo que visites otro de nuestros canales en **Internet IGNIUS TV**, el canal de Recursos Humanos, el cual podrás consultar como complemento a este libro. Ahí encontrarás más tips y opciones de la importancia de poner acción inmediata a toda la información que te comparto en este texto.

Si quieres cambiar tu Vida, necesitas cambiar lo que hoy estás haciendo, y como Líder, es una constante que en el día a día tenemos que estar implementando cosas nuevas que nos ayuden a tener mejores resultados.

7.4 Fabulosamente inconforme

Ahora veremos algo que me caracteriza a mí como Líder:

RETAR EL PROCESO.

Retar el Proceso es que mantengas a tu gente *inquieta,* mejorando, evitando que caigan en una zona de confort y que, como lo digo yo, continuamente estés *retando* (desafiando) a tu gente para que saquen lo mejor de ellos.

La única manera en que una Organización va a tener mejores resultados, va a ser más competitiva, más atractiva al mercado, es por el reto que le pongamos a la organización. Aquí te pido que pongas mucha atención porque la función principal de un Líder es que su gente vaya creciendo al nivel del mismo líder o si se puede aún más... ¡mejor!

Porque cuando tenemos gente grande a nuestro lado, más capaces, más talentosos, más empoderados, significa que hemos hecho bien nuestra labor como líderes. No le tengas miedo a retar el proceso, a retar a las personas y a ser un PROPULSOR DEL CRECIMIENTO de la gente.

> *"Desarrollar personas no es solo darles información para que aprendan nuevos conocimientos, habilidades y destrezas, y se tornen más eficientes en lo que hacen, sino darles información básica para que aprendan nuevas actitudes, soluciones, ideas y conceptos que modifiquen sus hábitos y comportamientos y les permitan ser más eficaces en lo que hacen: formar es mucho más que informar, pues representa el enriquecimiento de la personalidad humana."* [24]

En primer lugar, te invito a que continuamente seas un **Observador de las actividades y Procesos** que está realizando tu personal, de sus funciones, y que analices dónde pueden mejorar.

Pregúntales, y si ellos no saben, de una manera cálida, empática, diles qué pueden hacer diferente, para que tengan un reto mayor y esto los vuelva a conectar con su Motivación de principiante, de cuando empezaron ese trabajo y así tengan ese reto de mejorar lo que tú hayas observado y les hayas comentado.

---

[24] **CHIAVENATO**, Idalberto. "Gestión del Talento humano". McGraw Hill. E.U., 2002.

Y si de ellos mismos sale, esto es más genial porque has hecho un buen trabajo de que tu gente continuamente está buscando esa mejora de sus procesos.

Otro punto: **encuentra formas de crear Oportunidades de Mejora**. Hay líderes muy creativos que hacen una reunión cada trimestre, donde escuchan a la gente, donde premian las mejores ideas de mejora, donde están incentivando esta cultura organizacional con la que siempre estén mejorando TODOS, a todos los niveles porque ya les ha quedado claro que la gente que hace los procesos es QUIEN PUEDE MEJORARLOS.

Tú puedes implementar lo más esencial, que es una reunión para decir por qué es importante la Mejora Continua, qué tienen que hacer ellos, dónde sí pueden mejorar y dónde no, porque también s*i tú no encuadras muy bien esas oportunidades de mejora*, puedes generar un sentimiento negativo y de frustración en la gente.

Tú tienes que ser muy claro dónde sí va a haber oportunidad de mejora para que tu gente tenga un pensamiento inventivo y de mejora para que ayude a mejorar los resultados.

Otro punto también muy importante: **genera en tus colaboradores confianza con pequeñas victorias**. Para que tu gente experimente y tome riesgos.

Es decir: no les pongas un reto súper enorme que los vaya a frustrar. Tienes que ser muy inteligente, y tienes que ponerles metas a corto plazo para que vayan sintiendo cada victoria, y por supuesto, cada vez que vayan logrando esos pasos tienes que estar ahí para celebrarlo con ellos. Y una vez que logran TODA esa victoria grande que se buscaba, pues entonces sí hacer una celebración interesante, una fiesta donde todos sientan que consiguieron un gran logro de Trabajo en Equipo.

Algunas actividades que te voy a recomendar para que esto suceda son:

✓ **Identificar Oportunidades de Innovación en los Proyectos.** Esto es muy sencillo: un día temprano llega, observa todo lo que está sucediendo (te puedes tomar toda una mañana); al día siguiente repítelo y toma notas para que te quede claro qué es lo que está sucediendo en los procesos o proyectos.

Cuando dedicamos esa observación, te vas a dar cuenta de que hay cosas muy ricas que se pueden mejorar, y entonces vas a poder direccionar muy bien los esfuerzos de la gente.

✓ **Estimula a tu Equipo a generar soluciones innovadoras.** Una vez que ya hiciste esta Observación y ya identificaste esas Oportunidades; TÚ NO LES DIGAS QUÉ ES LO QUE TIENEN QUE HACER.

Más bien, identifica de manera muy bien encuadrada cuáles son los puntos donde hay problemas o donde hay áreas de oportunidad y pídeles que comenten qué van a hacer diferente para mejorar. ¡Te vas a impresionar de toda la capacidad que tiene tu personal a todos los niveles!

Aquí no importa la formación académica. Aquí lo que importa es la Proactividad, la Iniciativa y la Actitud de tu gente por ayudar a tener el mejor equipo de trabajo.

Y una vez que ya acordaron cuáles son las cosas que van a atender, y qué van a hacer, viene ahora

✓ **Implementar métodos y procedimientos de Mejora**. Soluciones ya muy estandarizados, para que esto se vuelva un Círculo virtuoso continuo, y tu gente viva día a día la Mejora continua.

En Japón hay una palabra que es el ***KAIZEN***, y que significa *pequeñas mejoras* TODOS LOS DÍAS. ¡Eso es lo que un Buen Líder tiene que hacer!

Pequeñas mejoras todos los días...

Y si tu gente no tiene este ***chip***, esta manera de ser, pues Tú tienes que ayudarlos a que se vaya despertando para que con los años esto se convierta en parte de tu cultura organizacional y de tu Equipo de trabajo.

Recuerda:

SI QUIERES, PUEDES.

7.5 El empoderamiento

Para terminar este apartado, te voy a dar unas ideas para ayudarte a empoderar a otros para poder actuar.

Es claro que en este Siglo XXI, los gerentes, los líderes de un Departamento ya NO PUEDEN HACERLO TODO; necesitan tener gente confiable cerca de ellos para que las cosas sucedan.

Y si cada vez hacemos de esto un hábito, pues vamos a lograr buenos resultados en menos tiempo, porque cada persona empoderada, con el facultamiento, la información y las herramientas que requiere, va a poder ponerse a trabajar en lo que es importante para tu Organización.

EMPODERAR.

"Este tipo de gestión consiste en transmitir a los empleados que son dueños de sus decisiones, y por lo tanto, responsables del rumbo que tome la empresa"

(Rosa María Farell, Directora General de Hewitt México)[25]

Para poder empezar con una cultura de empoderamiento, lo primero es **Promover la Colaboración entre las personas**; o sea, Tú les tienes que dar, como Líder, esa confianza de que ellos son capaces, ¡y puedes!

Y cuando yo te hablo de construir esa confianza, te aseguro que va a facilitar muchísimo las relaciones personales entre ellos.

Antes de empoderar, es bien importante que Tú puedas identificar a través de una Evaluación de Desempeño, uno a uno con tus subordinados claves, cuáles son las áreas de Fortaleza y cuáles son las áreas de Oportunidad, para que ellos también sepan que Tú estás observando, se pongan a trabajar, acuerden ambos algunas Líneas-acción a tomar

---

[25]http://expansion.mx/mi-carrera/2009/05/18/repartiendo-responsabilidades

para que esto mejore, y de ahí, si detectan que a la persona le hace falta entrenamiento, si le hacen falta herramientas, si no tiene la información precisa, si no hay claridad en las políticas, te asegures que todo esto se vaya completando para que cuando todo esté al cien por ciento, puedas dar ese facultamiento y ese empoderamiento a tu Personal.

También, muy importante: debes **Fortalecer a otros para Desarrollar sus Competencias**.

Porque muchas veces, sí hay ciertos talentos que brillan en el Equipo de trabajo, y hay algunos líderes que solo se van con esas dos personas que son, al parecer, las que "cree" más capaces, ¡y olvida a todas las demás!

Si queremos empoderar a otros para actuar, tenemos que ser pacientes, tenemos que dedicar tiempo, tenemos que DAR POR IGUAL A TODOS las oportunidades de que nos demuestren que son capaces, y que pueden hacer cosas diferentes.

Aquí, como actividades para fortalecer esta parte de empoderamiento o facultamiento de tu Personal, tienes que asegurarte de **Construir buenas relaciones con los miembros de tu Equipo**.

Si acabas de integrarte al Equipo y todavía no hay la suficiente confianza, NO empieces a empoderar.

Trabaja con ellos, ve integrándolos, y cuando la gente ya se sienta como un verdadero Equipo, quiere decir que allí ya hay buenas relaciones y ya puedes implementar este tipo de estrategias de empoderamiento.

Es muy importante que a lo largo de las semanas o de los meses, tú también construyas buenas relaciones con otros equipos; o sea, con tus proveedores, clientes internos, con los mismos compañeros del Departamento, porque si en la Organización hay buenas relaciones, estamos frente a una Empresa donde no hay nichos de poder y el Facultamiento va a fluir.

Porque muchas veces, el obstáculo para empoderar es que no hay confianza entre los diferentes miembros de la Organización, y entonces tú empoderas a alguien, pero en otras instancias no le creen o no le reconocen la autoridad.

¡Y entonces ya se echó a perder todo el esfuerzo que hiciste con la gente!

Por eso es muy importante construir relaciones sanas con el resto del Equipo.

Y para terminar, lo que tenemos que hacer es SIEMPRE asegurarnos de **desarrollar Competencias y Confianza entre todos los miembros del Equipo**.

Como yo siempre digo, cada persona trae su historia, trae sus traumas, su información, sus intereses, pero como Líder, Tú te tienes que mantener muy estable, muy objetivo, y ayudar a que esas personas desarrollen sus mejores competencias en el puesto de trabajo que desempeñen.

Si se puede, también en cosas personales que no involucren una línea de relación más allá, lo puedes hacer. Porque la labor del Buen Líder es ayudar a que nuestra gente se desarrolle de una mejor manera.

¿Qué aprendiste?

Anota las ideas más importantes que aprendiste en este capítuo y aquellas acciones que deberás de llevar a cabo para mejorar y convertirte en un **LIDER DEFINITIVO**.

_____

_____

_____

_____

_____

_____

_____

_____

CAPÍTULO VIII

LIDERAZGO PARA GERENTES Y SUPERVISORES

> *"Para mí es absolutamente necesario tener personas que piensen por mí y que a la vez sigan mis órdenes."*
>
> *George Washington*

8.1 La importancia del tiempo

El Liderazgo ha tomado una enorme relevancia, y en nuestros días, cada vez más los Líderes, los Supervisores, los Gerentes, los Directores quieren capacitarse a más profundidad en este tema.

¿Te has preguntado por qué el tema ha tomado tal nivel de importancia?

Yo me lo pregunté, y después de hacer una investigación me di cuenta que el Liderazgo, hoy en nuestros días, es cada vez más importante porque estamos en un entorno global y competitivo en el que cada vez más los líderes requieren hacer más cosas, y para esto NECESITAN desarrollar a la gente que está en niveles debajo de ellos para que ellos alcancen a hacer realidad todo lo que tienen que hacer.

> *"Los líderes que operan en un entorno empresarial global deben tratar con distintas partes interesadas de dentro y fuera de la organización (empleados, clientes, accionistas, grupos de interés, comunidades, gobiernos, etc.) cuyos valores e intereses son por tanto heterogéneos. Ello requiere la capacidad de gestionar y equilibrar los intereses en conflicto entre estos grupos. El reto del liderazgo es interactuar de manera efectiva y apropiada con los distintos grupos de interés, equilibrar sus intereses y demandas al tiempo que se salvaguardan los intereses centrales de la empresa y movilizarlos para que contribuyan a la consecución de los objetivos comunes."* [26]

El Liderazgo es fundamental en nuestras organizaciones porque es a través de los líderes que se marca el rumbo a seguir y las Metas a alcanzar. Así se aclara el camino para las personas que son sus subordinados o colaboradores.

Es muy importante que como líderes tengamos presente que las Metas deben ser claras, y el que las metas sean claras para todos es solamente responsabilidad del líder.

---

[26] **M. PLESS** Nicola y **MAAK** Thomas, "Desarrollando Líderes Globales responsables". Universia Business Review. Tercer Trimestre 2010.

Estas Metas deben de ser ESPECÍFICAS; deben de ser MEDIBLES, para que a tus colaboradores les quede muy muy claro qué es lo que se tiene que hacer y juntos en equipo lo lleven a cabo.

También, como líderes, es necesario que tengamos una noción muy precisa de lo que es el Tiempo. Como ya dije, en nuestros días el líder tiene cada vez muchísimas actividades por realizar, pero por la acumulación de tareas del día a día muchas veces no se logra cumplirlas, por lo que se hace muy necesaria una buena administración del tiempo.

Es fundamental que los líderes de hoy tengamos la *maestría* de administrar nuestro tiempo.

Hace años aprendí una definición del tiempo, que dice que

"el tiempo es una sucesión de sucesos que sucede sucesivamente... suceda lo que suceda"

VA A SUCEDER.

Entonces, ¿qué mejor que Tú como líder tengas esa maestría para administrar tu tiempo?

Y te comparto algo que a mí me ha ayudado a ser cada vez más organizada con el uso de mi tiempo: cuando empieces tu día de labores cotidiano, haz una lista de TODAS las acciones o tareas que tienes que hacer.

Una vez que hagas esta lista, que es como tu PLAN de actividades a desarrollar durante todo el día, es fundamental que *priorices*, pero que priorices con un Orden lógico, porque estarás de acuerdo conmigo que NO TODAS esas tareas o acciones vas a poder hacerlas. Muchas de esas acciones las puedes *delegar* en algunos de tus colaboradores.

> *"UN LÍDER JAMAS CRECERÁ HASTA un punto en el que no necesite trazar sus prioridades. El determinar prioridades es algo que los buenos líderes siguen haciendo, sea que dirijan un grupo pequeño, pastoreen una iglesia, dirijan una pequeña empresa, o una corporación de miles de millones de dólares."* [27]

El tiempo que te tardes en priorizar las acciones no será más de diez o doce minutos, pero esos 10-12 minutos que inviertas en visualizar todo lo que tienes que hacer, y en ver qué cosas tienes que hacer tú y qué cosas puedes delegarles

---

[27] **MAXWELL,** John. *op. cit.*

a otras personas, hace que cuentes con UNA HORA MÁS AL DÍA.

Podrás decir:

-¡Es imposible!

¡HAZLO!

Verás que con el tiempo se hará un hábito, porque te vas a convertir en un excelente planeador.

Una vez que ya hiciste tu lista de acciones vas a ponerle a cada una, una letra: A, B, C, D, E. Es decir:

A. Son todas las acciones que DEBEN de hacerse *ese día*, y que tendrán ***graves consecuencias*** si no se hacen ese día. Es claro que estas acciones SOLO TÚ las puedes hacer. Son acciones que no se pueden delegar.

B. Una vez que de tu lista escogiste todas las que tenían una prioridad A, pasas a las que tengan una prioridad B. Son aquellas acciones que DEBERÍAN HACERSE, y tendrán ***consecuencias leves*** si no se hacen. Es decir, acciones que si el día de hoy o el día que estás haciendo tu Plan no las alcanzas a hacer, pues probablemente al día siguiente se convertirán en una prioridad A.

C. Una vez que ya priorizaste A y B, pasemos a C: SERÍA BUENO HACERLO ***pero no tendrá***

consecuencias. Es decir, tareas como organizar tu escritorio, organizar tu agenda... diferentes cosas que no van a impactar en nada a los resultados o a las metas que como Líder tienes.

D. Una vez que priorizaste A,B,C, pasamos a las actividades prioridad D. Para que no se te olvide, **D es *Delegar***. Pero es delegar con un sentido de *Responsabilidad*; con responsabilidad a aquellas personas que sabes que van a hacer esa tarea *tal como se debe de hacer.*

E. Y finalmente, vamos a pasar a priorizar las acciones con la letra E. **E es *Elimínalas***. Es decir, son aquellas acciones o tareas que son innecesarias y no le van a agregar ningún valor a lo que haces en tu día a día.

Una vez que Tú ya priorizaste, lo que tienes que hacer es emprender la acción y empezar tu día con un Plan estructurado.

El ponerlo en papel hace la diferencia, porque como Líder tú traes muchísimas ocupaciones, traes muchas cosas en la cabeza, y si no tienes algo en papel, algo que lo estés viendo, ***el día se te va a ir***.

Resumiendo: te recomiendo que planees tu día, priorices tus acciones a través de la secuencia que acabas de leer y finalmente emprendas la acción y lleves a acabo ese Plan.

8.2 Claves exclusivas para el desarrollo de tu gente

¿Has oído hablar de FACULTAMIENTO?

El Liderazgo es aplicación sobre las metas. Es decir, **para lograr Metas.**

El propósito que tiene un Líder es *llevar* a su equipo, *formar* a su equipo de trabajo para que este pueda llegar a alcanzar las metas de la Organización y además, alcanzar SUS PROPIAS METAS de manera particular.

El Liderazgo es algo que se hace ***junto*** con las personas, no es algo *que se les hace* a las personas. Lo segundo es muy diferente, porque muchas personas piensan que con SU liderazgo van a hacer cambiar a las personas como tal, ¡y no es cierto!

Lo interesante es que el verdadero Líder lo que busca es, como ya dije, formar a su Equipo para que su equipo y él, JUNTOS, logren cosas. Esto es fundamental, y es algo que debemos de tomar siempre en cuenta.

"Por más que admiremos a los triunfadores solitarios, la verdad es que nadie ha podido hacer solo algo de valor. La creencia que una persona sola puede hacer algo grande es un mito.

No existen los Rambos reales que derrotan, solos, a un ejército hostil... El aviador Charles Lindbergh tenía el respaldo de nueve comerciantes de St. Louis y los servicios de la Compañía Aeronáutica Ryan que construyó su aeroplano...

Incluso Albert Einstein, el científico que revolucionó el mundo con su Teoría de la Relatividad, no trabajó en aislamiento. De lo que debía a otros, en cierta ocasión Einstein dijo: «Muchas veces en el día me doy cuenta de cuánto mi propia vida externa e interna se levanta sobre el trabajo de los colegas, tanto vivos como muertos y con cuántas ansias debo esforzarme para retribuir tanto como he recibido»...

La historia de los Estados Unidos, como la de los demás países, está marcada por los logros de muchos dirigentes firmes y personas innovadoras que se arriesgaron. Pero esas personas siempre fueron parte de un equipo." [28]

---

[28] **MAXWELL**, John C. "Las 17 Leyes incuestionables del Trabajo en Equipo". 2000 Editores Caribe-Betania. E.U., 2001.

Ahora bien, el FACULTAR; ¿qué queremos decir con esta palabra? Pues bien: Facultar es **hacer o provocar que las personas LLEVEN su cerebro al lugar de trabajo**.

¡Sí!

Que lleven su cerebro al lugar de trabajo.

Porque lo que buscamos es gente *pensante* dentro de las Organizaciones, no nada más gente que esté *haciendo* todo el día, trabajando mecánicamente todo el día sin pensar, nada más pasando piezas, o contestando llamadas o llenando formularios.

No. No queremos eso.

Lo que buscamos es que las personas sean personas... **seres pensantes** que si surge algún problema ¡rápidamente saben cómo resolverlo!; si surge alguna cuestión que estaba fuera de lo previsto, ¡pues rápidamente saben cómo reaccionar! Esto es fundamental.

"Cuando el empleado puede resolver el problema de un cliente rápida y eficientemente, se siente más valorado. La habilidad para crear clientes contentos mejora su desempeño en el trabajo y lo convierte en una ventaja para su empresa. El Facultamiento es un cambio en la

práctica que no puede lastimar, por el contrario, ayudará a su empresa." [29]

¿Y cómo lograr un Facultamiento Exitoso?

CONOCE A TU GENTE.

Muchas personas ni siquiera conocen quién trabaja alrededor de ellos, y simplemente lo que hacen es que crean una barrera entre ellos y las demás personas. Lo que buscamos es que conozcas **verdaderamente** a quienes trabajan contigo y quiénes son parte de la Organización.

Incluso si te aprendes sus nombres, ¡mejor!

Si te sabes el nombre de cada uno de ellos es mejor, porque en ese momento estarás haciendo una conexión mucho más directa con ellos.

INSISTE EN LA REALIDAD (¡Siempre!)

[29]COMUNIDAD EMPRESARIAL INTEC. http://www.empresadehoy.com/facultamiento-empowerment-un-estilo-diferente/ 2016

A muchas personas les gusta crearse sueños, maravillas, ilusiones y demás fantasías pero que NO están asentadas en la Realidad. Lo que buscamos es que Tú, y los colaboradores que están contigo SIEMPRE sepan cuál es la realidad de las cosas. Es decir, que siempre estén conscientes de qué es lo que está pasando a su alrededor, en Blanco y Negro. ¡Así de claro!

Nada de "cuentos guajiros" ni nada de ese tipo de cosas ilusorias sino siempre basadas en la Realidad.

> *"El realismo es el corazón de la ejecución, pero muchas organizaciones están llenas de gente que trata de evitar o de disimular la realidad. ¿Por qué? Porque hace que la vida sea incómoda. Las personas no quieren abrir la caja de Pandora. Desean ocultar los errores, o ganar tiempo para encontrar una solución en vez de admitir que no tienen una respuesta por el momento. Quieren evitar las confrontaciones. Nadie quiere ser el mensajero que porta malas noticias o el empleado problemático que desafía la autoridad de sus superiores."* [30]

---

[30] **AGUIRRE**, Carlos. Resumen elaborado del libro EL ARTE DE LA Ejecución EN LOS NEGOCIOS, por Larry Bossidy y Ram Charan, Primera edición septiembre 2003 Copyright © 2002, Editorial Aguilar.

DEFINE METAS CLARAS Y PRIORIZA.

Metas claras **para todos**. Y además, *prioriza* esas metas.

Muchos líderes fallan porque no saben ni siquiera definir claramente las metas.

Ahora, no es importante que el Líder defina las metas PARA SÍ MISMO; lo importante es que todo su Equipo de colaboradores sepa identificar y sepa entender perfectamente bien las metas.

Y además, sepa cuál es la Número uno, cuál es la Número dos, cuál es la Número tres... y Número cuatro.

Ahora, si ya definiste las Metas, y ya las priorizaste, sigue

DA SEGUIMIENTO.

Dar seguimiento es fundamental. Si Tú defines una Meta, y simplemente la dejas a la deriva, corres el riesgo de que nunca llegues a concretarla; si Tú das un seguimiento formal, un seguimiento claro, un seguimiento constante, pues seguramente todo mundo se va a acostumbrar y eso va a ser muy bueno para la Organización.

Una vez que los pasos se van logrando,

RECOMPENSA A LOS HACEDORES.

Hay muchas personas que se mueven mucho... pero no es lo mismo Acción que Movimiento.

Si hablamos de Movimiento, puedes pasarte de siete de la mañana a once de la noche *moviéndote para todos lados* **y no lograr nada**.

En la ACCIÓN lo que buscas es lograr meta, lograr meta, ***lograr meta***...

Es muy diferente, y es fundamental que Tú siempre estés recompensando a aquellas personas *que logran* las cosas, que hacen lo necesario y lo posible para que las cosas se vayan dando.

Y para esto, para que cada vez las cosas se vayan dando de una manera muchísimo mejor,

EXPANDE SUS CAPACIDADES.

Siempre amplía su nivel de contexto, amplía su nivel de conciencia para que ellos vayan logrando metas cada vez más rápido y de una manera más segura.

8.3 Los niveles de los colaboradores

Como ya vimos, el Liderazgo es algo que hacemos junto con las personas, no es algo QUE LE IMPONGAMOS a las personas.

El Liderazgo es clave hoy en día en todas las Organizaciones porque estas están formadas por personas. Cerraré este Capítulo compartiendo contigo una Teoría que me encanta, la Teoría de Liderazgo situacional

Y digo que este marco teórico me gusta mucho porque es una Teoría que se enfoca mucho al desarrollo de las personas y a lograr que Tú como líder también crezcas y que cada vez la Organización cumpla a cabalidad sus metas.

*"El desarrollo de las personas tiene tanta importancia como el desempeño económico. En consecuencia, el liderazgo de más alto nivel se concentra en los resultados de largo plazo y en la satisfacción humana. Por consiguiente, definimos el liderazgo como **el proceso de lograr resultados valiosos a la vez que se actúa con***

> *respeto, cuidado y justicia, para bien de todos los interesados.* "[31]

El Liderazgo siempre se debe enfocar a obtener resultados. No ese Liderazgo de la imposición: *"¡esto es lo que Yo digo!"*, o ese Liderazgo de *"Todos juntos vamos a hacer esto...* y que al final de cuentas *no se hace nada".*

EL LIDERAZGO ES ALGO QUE MUEVE A LA ACCIÓN.

Es algo que día a día tiene que estar mejorando, y conforme vas avanzando con tu Equipo de trabajo, cada vez todos sus miembros tienen que ser mejores personas.

El Liderazgo situacional nos habla de que *lo es* (situacional) en relación a la meta o a la tarea que tiene tu colaborador.

---

[31] **BLANCHARD**, Ken. "Liderazgo al más Alto Nivel". Grupo Editorial NORMA. Colombia, 2007.

Todos tenemos colaboradores, pero estarás de acuerdo conmigo en que hay colaboradores más hábiles para una determinada cosa, para una tarea o para un objetivo específico.

Todos somos diferentes.

La responsabilidad del Líder es IDENTIFICAR en qué nivel de desarrollo se encuentran sus colaboradores para así, Él, utilizar un estilo de Liderazgo Flexible, que les permita **juntos** llegar a la Meta.

¿Y cuáles son los Niveles de desarrollo que debemos analizar en nuestros colaboradores?

NIVEL 1: EL PRINCIPIANTE ENTUSIASTA

Es cuando tú le dices a un colaborador: *"¡vamos por esta Meta!"* (O por un Objetivo, o por una Tarea) y el colaborador tiene una Alta motivación; y probablemente no esté capacitado al cien por ciento para lo que va a hacer, pero su entusiasmo es muy muy alto.

Empieza con la capacitación, empiezan a pasar los días, y una vez que estos pasan y ve todo no era tan fácil y que surgen problemas, surge el siguiente nivel:

NIVEL 2: EL APRENDIZ DESILUSIONADO

Esa motivación alta que traía del inicio, ya bajó y ahora es más realista. Se da cuenta de que no era tan fácil como se lo imaginó al principio: contestar "X" número de llamadas por minuto en ese conmutador tan moderno, por ejemplo.

Entonces tu colaborador entra en una etapa donde Tú como Líder lo que tienes que hacer es apoyarlo.

Lo tienes que entrenar.

Una vez que el colaborador ve que Tú estás ahí, acompañándolo, va a pasar a un nivel de desarrollo tres.

NIVEL 3: COLABORADOR CAPAZ PERO CAUTELOSO

El colaborador ya entendió lo que tiene que hacer de esa Meta o tarea, *pero tiene sus dudas*, porque aún no tiene la seguridad que tiene un colaborador plenamente autónomo, que es cuando ya opera al cien por ciento.

Aquí, como líderes, lo que debemos de hacer es SIEMPRE apoyarlos, y darles la confianza y la certeza de que lo que están haciendo está bien hecho.

En esta etapa probablemente habrá cosas que todavía no salen al cien por ciento, pero como Líder debes de estar ahí para RETROALIMENTARLO paso a paso y lograr su crecimiento.

Si Tú como Líder estás presente en estos primeros tres Niveles del proceso (Principiante entusiasta, Aprendiz desilusionado, Colaborador capaz pero cauteloso) entonces la persona va a brincar al Nivel 4 de desarrollo:

NIVEL 4: COLABORADOR AUTÓNOMO

Es decir, el Nivel donde Tú como Líder te haces a un lado porque el colaborador YA tiene esas capacidades, esas habilidades que requería, y lo único que le falta es que Tú con el tiempo solo le des seguimiento, pero él ya tiene la AUTONOMÍA para lograr esa meta o tarea.

Si te fijas, en este recorrido que hicimos de los 4 Niveles de desarrollo que pueden tener tus colaboradores, tú como líder has aprendido a ser un Líder Flexible, un Líder que usas dos estilos de liderazgo muy claros: O DIRIGES, O APOYAS.

Es decir, si yo ya estoy trabajando con un colaborador autónomo que ya domina la tarea, que ya es experto en lo que hace o va a hacer, ¿para qué le sirve que yo lo esté dirigiendo? Simplemente va a voltear a verte, y te va a decir: *"Hazte a un lado, por favor, porque YO ya sé esto"*.

En cambio, cuando estamos en el Nivel de Principiante entusiasta yo no puedo estar apoyándolo, y diciéndole

-¡Échale ganas! ... ¡Todo va a salir súper bien...!

¡Claro que no, porque a esas alturas él todavía no sabe lo que va a hacer!

Entonces ahí, el estilo de Líder que yo tengo que utilizar con este colaborador es un **estilo directivo**. Es decir: *"se tiene que hacer esto, de esta manera, con esta secuencia de pasos"*.

Entonces es muy muy claro el estilo de Liderazgo que debemos de usar en diferentes situaciones.

¿Lo ves? Este es un Método que puede ayudarte a formarte como Líder y que también ayuda a tus colaboradores a desarrollarse.

EL LIDERAZGO ES UNA ALIANZA ENTRE EL COLABORADOR Y TÚ COMO LÍDER.

¿Qué aprendiste?

Anota las ideas más importantes que aprendiste en este capítuo y aquellas acciones que deberás de llevar a cabo para mejorar y convertirte en un **LIDER DEFINITIVO**.

_____

_____

CAPÍTULO IX
EJECUCIÓN COMPETITIVA

"Hacer que las cosas sucedan es el valor más grande que un Líder debe tener SIEMPRE."

Ana María Godínez

9.1 La Ejecución competitiva

El camino que hemos recorrido juntos a lo largo de estas páginas llega a su culminación.

No queda más que poner manos a la obra, poner en práctica tu capacidad de liderazgo a través del último de los temas que te llevarán a convertirte en el Líder Definitivo que los tiempos que corren te están demandando:

LA EJECUCIÓN COMPETITIVA

Te preguntarás:

-Oooye... ¿qué es la Ejecución competitiva?

Como decíamos en un principio, el **suceder** es la base fundamental del ejercicio del Liderazgo. Finalmente,

LA EJECUCIÓN ES ALGO QUE PROVOCA QUE LAS COSAS SUCEDAN.

Sin embargo, este concepto sigue siendo algo muy general. Necesitamos más precisión en la definición.

La Ejecución competitiva **"Es la capacidad que tienen las personas y Organizaciones de realizar acciones que las lleven a ser cada vez más atractivas ante los mercados, clientes y accionistas"**

Como puedes ver, esta definición habla de una *Capacidad*, pero esta no es una capacidad que sea responsabilidad de una sola persona, sino que está englobada entre los factores clave que encontramos dentro de nuestras Organizaciones.

Estos factores que integran la Ejecución competitiva son:

- LA ESTRATEGIA

- LOS PROCESOS

- EL LIDERAZGO

- LAS VENTAS

Si Tú como Líder te enfocas y cuidas estos factores de manera puntual y con un seguimiento preciso, estaremos hablando de que tu Organización es cada vez más competitiva.

Por eso compartiré contigo las siguientes preguntas, que te ayudarán a detonar y a reflexionar muchísimos aspectos de tu día a día que probablemente aún no las has visto de manera ordenada, y que ayudarán a que tu Liderazgo logre los mejores resultados para tu Organización.

- LA ESTRATEGIA

Para abordar la Estrategia, te sugiero reunirte con tu Equipo de trabajo y responder juntos las siguientes preguntas:

"¿Cuál es la Visión de nuestra Organización?"

...

"¿Qué acciones o resultados demuestran que vamos en el camino de lograr nuestra Visión?

Al responder estas dos preguntas estamos cimentando la realidad de nuestra Organización (recuerda el buen Líder siempre tiene los pies firmemente plantados en la tierra, en la Realidad).

"Si lo que se quiere es que una estrategia se ejecute hay que empezar a pensar en la ejecución desde el momento en que se diseña la estrategia. Como explican Ram Charan y Larry Bossidy, hay que preguntarse si la organización está preparada para la ejecución o no, y dejar claros los vínculos de la estrategia con las personas y las operaciones." [32]

Es decir, cuando respondes junto con tu Equipo de trabajo sabes hacia dónde vas y qué estás haciendo para llegar a las Metas.

---

[32] **VETTER**, Guillermo. "La ejecución estratégica, o cómo hacer que las cosas ocurran". Center For Innovative Execution. *www.directivoscede.com/sites/default/files/document/.../10.../ejecucionestrategica.pdf*

Es muy importante que si las respuestas a las preguntas no son tan positivas como Tú esperas, LLEVES A CABO ACCIONES que permitan que esto cambie en tu Organización, porque entre cada vez más personas sepan el Camino, hacia dónde van, y les quede claro el rumbo, sin duda puedes llegar con ellos más rápido a concretar la Visión.

- LOS PROCESOS

"¿Cuáles son los dos procesos internos que hoy requieren más atención de nuestra parte?

...

"¿Cuánto más ganaríamos si nuestros procesos fueran más eficientes y sin errores?

Como verás, son preguntas muy simples pero que pocas veces nos damos el tiempo para reflexionarlas.

Lo que sí te puedo garantizar es que si haces este ejercicio con tus colaboradores (entre más, mejor) Y RESPONDEN JUNTOS CON HONESTIDAD y conciencia, sin duda lograrás como Líder que salgan a la luz muchas acciones para implementar, y que Tú puedas comenzar a utilizar este término de Ejecución competitiva.

Aplicar el concepto llevados de la mano con tu Liderazgo hará que los resultados comiencen a ser diferentes.

9.2 La Ejecución competitiva TURBOCARGADA

Los siguientes dos factores son también claves para Ejecutar.

Las Organizaciones (no me cansaré de mencionarlo) *están formadas por personas*, y esas personas requieren de un Líder **que los dirija y los ayude** a cumplir sus Metas, profesionales y personales.

Recuerda que en el tema de la Ejecución competitiva, el enfoque que le hemos estado dando al Liderazgo es que este debe provocar QUE SUCEDAN LAS COSAS, que se cumplan las Metas.

Es decir, un enfoque que enfatiza la obtención de Resultados.

Y por esto comparto contigo dos preguntas que creemos fundamentales explorar con tu Equipo de trabajo (¡juntos, siempre juntos!) para que tu Liderazgo empiece a dar un rumbo diferente al que has tenido hasta este momento en tu Organización.

- EL LIDERAZGO

"¿Tus líderes actuales tienen perfectamente claras sus Metas, incluyendo su resultado esperado y su tiempo específico de ejecución?

...

Define cuáles son las 4 Metas más importantes, que de lograrlas obtendrán un resultado excepcional.

Nuevamente, como puedes ver, son dos preguntas muy sencillas pero con una profundidad impresionante.

En las Organizaciones, TODO MUNDO HABLA DE METAS, y de muchas cosas que hacer, y de muchos planes. Sin embargo, pocas veces se sabe con claridad a dónde enfocarse para que realmente, si eso sucede, la Organización dé un giro totalmente.

"En primer lugar, cualquiera que piensa con la lógica de negocio comprenderá que al enfocarnos en tres o cuatro prioridades produciremos los mejores resultados con los

recursos de que disponemos. En segundo término, las personas que trabajan en las organizaciones contemporáneas necesitan un número pequeño de prioridades claras para ejecutar bien. Si se carece de prioridades claras y cuidadosamente diseñadas, las personas pueden enfrascarse en una auténtica guerra sobre quién obtiene qué y por qué." [33]

Es clave que como Líder le pongas atención a estas dos preguntas, y si de ellas salen acciones que son súper importantes implementar, NO LAS DEJES COMO UN PLAN, sino que las lleves a la acción, **que provoquen que las cosas sucedan** (recuerda que Ejecutar es eso, *"¡hacer que las cosas sucedan!"*).

Y para terminar el tema de la Ejecución competitiva, llegamos al asunto de las Ventas.

Las Organizaciones que no tienen Ventas están manteniéndose estancadas, o van en franca decadencia.

¡Necesitan Líderes definitivos que las impulsen al Éxito!

---

[33] **AGUIRRE**, Carlos. op. cit.

Las Organizaciones y sus Líderes debemos estar preocupadas por incrementar cada vez más el nivel de nuestras ventas. Este apartado no necesita preguntas, sino un análisis muy realista de la situación que guarda la Empresa y que queremos mejorar ejerciendo un Liderazgo acorde a los días que corren en la actualidad.

- LAS VENTAS

1. *Haz un listado de las acciones y estrategias de ventas utilizadas por tu Organización en los últimos años.*

2. *Documenta el resultado obtenido.*

3. *Genera al menos 5 nuevas estrategias de venta que te permitan expandir tus resultados.*

Así concluyo las preguntas y estrategias que Tú, como el Líder definitivo en que seguramente te has ido convirtiendo, podrás llevar a cabo y que sin duda detonarán muchísimas ideas y acciones *"QUE HARÁN QUE LAS COSAS SUCEDAN".*

¡Te recomiendo ejecutarlas a la brevedad!

Para que nunca se te olvide y te quede una imagen en la mente de lo que estamos hablando cuando nos referimos a la Ejecución competitiva, recuerda que realmente TÚ, LÍDER, y las personas y colaboradores que están dentro de tu Organización, se conviertan en atletas de Alto desempeño.

Es decir, un Atleta de Alto desempeño está monitoreando muchísimos factores que cada vez que lo ayuden cada vez más a mejorar la marca o los resultados que ha obtenido.

La Ejecución competitiva es lo mismo. Y el Liderazgo debe llevarla a cabo:

REQUIERES TENER PERSONAS INTERESADAS Y ENAMORADAS DE TENER MEJORES RESULTADOS.

Y para lograrlo te recomiendo explorar CON ELLOS todo el material que hemos compartido contigo a lo largo de estas páginas.

Sinceramente, espero que este libro te sea de gran utilidad y marque la diferencia en lo que hasta hoy has venido haciendo en tu Organización.

¡QUE APLIQUES UN EXCELENTE LIDERAZGO, Y HASTA LA PRÓXIMA

¿Qué aprendiste?

Anota las ideas más importantes que aprendiste en este capítuo y aquellas acciones que deberás de llevar a cabo para mejorar y convertirte en un **LIDER DEFINITIVO**.

_____

_____

_____

_____

_____

_____

_____

_____

¡GRACIAS!

Queremos agradecerte enormemente por haber comprado este libro y además felicitarte por haberlo terminado de leer, eres del 1% que tiene la oportunidad de tomar y lograr más éxito.

También queremos darte algunas recomendaciones finales que te ayudarán a conseguir lo que deseas en un menor tiempo y con mejores resultados:

1. **No regales este libro:** Mejor compra otro y regálalo con una dedicatoria especial para aquella persona, verás que esto le hará el día y además te permitirá volver a leer este libro una y otra vez para que vayas teniendo nuevos aprendizajes, pues cada vez que lo lees estarás preparado para recibir cierta información.

2. **Pon en práctica de inmediato** lo aprendido: No dejes pasar ni un instante para empezar a practicar, olvídate de la pena (la pena para nada

sirve y para todo estorba) y comienza a tener excelentes resultados, y

3. **Visita, suscríbete y comparte nuestros Videos de YouTube:** hemos creado una enorme cantidad de videos gratuitos para que puedas ir perfeccionando tus habilidades de venta, ¡no dejes pasar esta oportunidad, búscanos en IGNIUSTV.

Estamos al pendiente y para apoyarte en el perfeccionamiento de tus técnicas de ventas, escríbenos a: info@ignius.com.mx

¡Todo el Éxito!

Ana María Godínez y Gustavo Hernández

POR ÚLTIMO

Siempre hacemos nuestro máximo esfuerzo para soluciones que sean comprensibles, claras y que generen altos resultados para las personas y organizaciones, sin embargo, quizá hayamos cometido algunos errores. **Pedimos disculpas por eso.**

Nosotros ocupamos tu valiosa retroalimentación, si por acaso tienes algo que decirnos te agradecemos que sea directamente vía email ana@ignius.com.mx. Nosotros trabajaremos en tu mensaje y corregiremos lo neceario en una versión actualizada, ¡no tengas duda!.

Si estas contento con nuestro libro siéntete libre de compartir esta felicidad con tus amigos, familia, audiencia y seguidores, ellos te lo agradecerán también.

Te estaremos eternamente agradecidos si nos das una Reseña Positiva en Amazon y tus Estrellitas. Nosotros amamos a un cliente que esta contento y feliz.

¡Te deseamos todo el Éxito en la Vida y en los Negocios!

Mantente en Contacto.

Ana María Godínez

Solicitud de Información

Por favor envíenme información acerca de: Próximos talleres y eventos, Adquisición de libros, Servicios especializados de asesoría.

Nombre: _____

Compañía: _____

Teléfono:_____ (_____)

Dirección:_____

Ciudad:_____ Estado:_____

C.P:_____ País:_____

Para recibir la información señalada, favor de enviar este Email a: info@ignius.com.mx o llámanos al teléfono +52 (477) 773-0005.

www.ingramcontent.com/pod-product-compliance
Lightning Source LLC
Chambersburg PA
CBHW060013210326
41520CB00009B/866